歳月

歳月

鈴木敏夫
Toshio Suzuki

岩波書店

目次

氏家齊一郎さん

ぼくはドギマギしながらその手を強く握った。

三鷹の森ジブリ美術館は財団で運営している。二代目の理事長が日本テレビの会長だった氏家齊一郎さん。現場の報告のため月に一度、氏家さんを訪ねた。報告はあっという間に終わる。後は雑談。頃合いを見て、じゃあと立ち上がろうとすると、氏家さんが「もう帰るのか！」と毎度、儀式のように不機嫌になる。「予定の時間を過ぎています。次の人が待っています」。そうたしなめても、氏家さんはわがままを通そうとする。「待たせておけばいいんだ」

その氏家さんが亡くなって五年になるだろうか。その悪戯《いたずら》っぽい表情は忘れない。忘れないどころか、記憶はより鮮明になってきている。

イタリアにて，氏家さんと．

年齢は親子ほど離れていた。なのに、なぜこうもウマがあったのか。ぼくは、携帯は携帯しない人だった。あとで、留守電を聞けばいい。そう思っていた。そんなある日、携帯に氏家さんの留守電が残っていた。「氏家です。また、電話します。じゃあ、またね〜」。あわてて、氏家さんに電話を入れ、それがきっかけでぼくは携帯を携帯するようになった。

そのうち、会う機会が飛躍的に増えていった。そして、欧州への旅に誘われた。「俺の最期の旅になる。それに付き合ってほしい」。氏家さんの表情は真顔だった。そうまで言われたら断るわけにはいかず、高畑勲、宮﨑駿にも声を掛けて共に出掛けた。

イタリアのあるレストランでの出来事。氏家さんがぼくにふたりだけの写真を撮ろうと言った。異論は無い。カメラの前にふたりで並ぶと突然、「手をつなごう」と言われ、ぼくはドギマギしながらその手を強く握った。最期の旅だったはずが、その後の三年間、同じメンバーで欧州へ旅をすることになる。
この連載を始めるにあたってタイトルで悩んだ。傍らに茨木のり子さんの『歳月』という詩集があった。帯にこう書いてあった。「たった一日っきりの稲妻のような真実を抱きしめて生き抜いている人もいますもの」。これだ、これしかない。限られた時間の中で、誰と共に同じ時間を過ごしているのか。あるいは過ごして来たのか。

（二〇一六年一月）

徳間康快社長

〝見てくれが大事〟を死の直前まで実践していたのだ。

「人間は中身じゃない。見てくれが大事だ」

晩年に、そのせりふを聞いたが、どういう意味なのか、社長は説明してくれなかった。

その意味を知ることになるのは、社長が二〇〇〇年に七十八歳で亡くなった後のことだった。

徳間康快《やすよし》。出版の徳間書店、映画の大映、音楽の徳間ジャパン、新聞の東京タイムズにスタジオジブリなどいずれも社長としてグループをひとりで率いた。さらには、自分の出身校だった逗子開成学園の理事長、校長も歴任した快男児だ。

亡くなる三日前のことだった。主治医がぼくに命じた。隣に置いたベッドに社長を移してほしい。社長は並みの人と比較して体格の大きな人だった。ぼくひとりで移すのは到底無理な話だった。

徳間書店，スタジオジブリ合併の記者会見に応じる筆者と徳間社長(1997年6月).

ためらっていると、主治医が早くと促した。そして付け加えた。「軽いですから」と。身体を持ち上げてみると、実際、想像以上に軽かった。そのとき、感慨がこみ上げた。

こんなに小さな人になってしまったのかと。

初七日は、社長の自宅の部屋で執り行われることになっていた。ベッドのそばに大きなクロゼットがあった。

社長がいつも着ていたスーツが、所狭しと並んでいる。見るともなしに見ていると、夫人が現れた。このスーツ、もったいないので、形見分けでしょうかと聞くと、夫人がクロゼットにぼくを案内した。

「見てください。徳間にしか着ることの出来ないスーツなんですよ」

夫人が取り出したスーツの裏側を見たとき、ぼくは愕然とした。驚いた。スーツに肩パッドは付きものだが、その肩パッドがおなかの下まで続いている。むろん、左右とも。このスーツを着れば、痩せた身体が人一倍太っているように見える。

社長は、包容力のある人だったが、まさか、特製の肩パッドで自分の身体を大きく見せていたとは。ひそかに外見を演出し、〝見てくれが大事〟を死の直前まで実践していたのだ。呆然としているぼくに夫人が言った。

「あの人は嘘つきでした。時として、私にまで嘘をついたんですよ」

その徳間康快が、六十年間、欠かさずに書いたという日記帳が存在するのだが、現在、杳《よう》としてその行方が知れない。


（二〇一六年二月）

ちばてつやさん

そこは誰も入ってはいけない場所だった。

ちばてつやという作家は、団塊の世代に多大な影響を与えた漫画家だと思う。ぼくらは多感な時期に、ちばてつやを読みまくった。

最初は野球漫画『ちかいの魔球』に夢中になった。そして、人生に意味があると思って読んだ最初の漫画が『紫電改のタカ』だった。太平洋戦争末期の戦闘機「紫電改」に搭乗するパイロットとその周囲の人々を描いた戦記漫画。戦闘をかっこよく描く一方で、死と隣り合わせの戦争の中で生きる若者たちの苦悩と心情を表現し、ぼくらは戦争の二面性を学んだ。

ぼくらはちょうど中学から高校へ行く年頃だった。そして『あしたのジョー』が登

『ちばてつやの世界』
（徳間書店，1978 年）

場する。それまで、漫画は大人になれば卒業していくものだった。ぼくらは大学生になっても漫画を読んで、それが社会現象になった。

徳間書店に入社後、漫画家のイラスト集を作る企画で、ぼくは躊躇《ちゅうちょ》なくちばさんを提案し担当になった。

西武池袋線の富士見台にあった自宅兼仕事場を訪ね、ぼくは毎日ちばさんの家族とアシスタントさんたちと、お昼と夜ご飯を共にすることになる。しかし、ちばさんは無駄話をしない。黙々と食事をする。終われば、すぐに仕事場へ戻る。そんな日々が一カ月も続いた。その間、ぼくは、そこで何をしていたのか。まったく記憶がない。むろん、ちばさんとはひとことも口をきいていない。

ある日のこと、突然、ちばさんがぼくを仕事場へ誘った。大きな部屋で、アシスタントさんたちが机を並べている。彼らも仕事中は口を開かない。そして、ちばさんがその一角にあった屋根裏部屋にぼくを案内した。そこは誰も入ってはいけない場所だった。狭い階段を上ると小部屋があった。作画机がひとつ。どうかすると、頭が天井にぶつかる高さだ。ちばさんが押し入れを開けて、ここにぼくの昔のものがすべてあると教えてくれた。そして、自由に出入りしなさいと。

その日をきっかけに、ぼくは一カ月間、食事の間、ずっとちばさんと言葉を交わすことになる。

最後にあとがきを書いてもらった。そこにこう書いてくれた。鈴木さんは名編集者だと。後にも先にもそんなことを言われたことはない。うれしかった。

（二〇一六年四月）

押井守監督

一本の映画が世界を変える。ぼくらは信じていた。

押井守とはいつから友だちになったのだろう。たぶん、一九八〇年代の中盤か。気がついたら毎週土曜日の夜、彼の自宅に入り浸っていた。仕事が終わって、みかんを持って訪ねる。そして、奥さんも一緒になって朝まで話す。それがどのくらいの期間、続いたのか。

押井さんもぼくも学生時代に映画を山のように見ていた。娯楽映画も芸術映画も、邦洋問わずに見ていた。それがぼくらの共通体験だった。当然、話題は映画だった。

そのころ、映画はまだ輝きを失っていない。一本の映画が世界を変える。ぼくらは信じていた。

そして、ぼくがプロデューサーになって『天使のたまご』を作る。タイトルは、ぼくがつけた。そうこうするうち、押井さんは宮﨑駿の個人事務所に居候することになる。そして、一緒にアイルランドまで旅をする。

その後、ぼくらは別な道を歩んだけれど、たまに交錯することがあった。押井守の作る実写映画への出演である。『攻殻機動隊』のような娯楽作品を作る傍ら、押井さんは、観念的な実写映画を量産していた。

アイルランド旅行中の押井監督(右)と筆者(1988年).

『紅い眼鏡』を皮切りに、『ケルベロス　地獄の番犬』だの『アヴァロン』だの。そんなある日のこと、彼から電話があった。出演してほしいと。題して『KILLERS』、女のスナイパーに撃ち殺されるのがぼくの役だった。

彼の映画への出演が続く。『立喰

師列伝』『真・女立喰師列伝』、そして、『パトレイバー　首都決戦』。その合間を縫ってぼくは、『イノセンス』のプロデューサーも務めた。そしていま、ぼくらは再び一緒に仕事をしている。

押井守がカナダで現地のスタッフとキャストを起用して作った『ガルム・ウォーズ』という作品だ。押井守が日本で果たすことがかなわず、海外で撮った、十五年越しの作品だ。その日本語版をぼくが作ることになった。

英語版を二度三度と見ながら、せりふの内容を一切変えずに、作品の印象を一変させてみたいと考えた。幸いなことに、朴璐美《パクロミ》さんという名優と演出の打越領一さんとの出会いがあり、そのもくろみが実現できた。

日本語版を見て、押井守が何というか。某日、見た彼はこう答えた。

「良くできている」

（二〇一六年五月）

カルロス・ヌニェスさん

「あんたの目は、俺の目に似ている」

カルロス・ヌニェスに出会ったのは、『ゲド戦記』のときだった。映画音楽にバグパイプが必要になり、バグパイプが上手なスペイン人がちょうど来日しているというので演奏してもらうと、これが半端なうまさじゃない。加えて、顔が強烈だった。顔の半分が頭。しかも、そのはげの大きさが尋常じゃない。顔の半分から下、頭の周辺に黒い髪を垂らしている。落ち武者風といえば、わかってもらえるだろうか。収録をしながら、そんなカルロスと話が弾んだ。

そして突然、彼の故郷ガリシアに遊びに来ないかと誘われた。彼にはラテンの血が流れている。ややこしい話は許されない。来なよと言われたら、行くよと答えるしか

カルロス・ヌニェスさんと(2013年).

ない。

彼がバグパイプひとつで闘牛場を満員にするスーパースターであることを知るのは、ずっと後のこと。彼はそんなことはおくびにも出さない。『ゲド戦記』に参加してくれたのも忙しいコンサートの合間を縫っての出来事だ。やってよ。わかった。この申し出を断ったら、男じゃない。ぼくは仲間を誘ってスペインへ旅立った。

ガリシアのビゴで、カルロスはぼくらを彼の家族が住む大邸宅に誘った。両親と兄妹も一緒だった。大きな暖炉で肉を焼く。それをやってみろと指図され、ぼくが見よう見まねで肉を焼いていると、お父さんが近づいて来て、手ほどきしてくれた。そして、二言三言、言葉を交わすと、お父さんの顔が真顔になった。

「あんたの目は、俺の目に似ている。その目は何を見て来たのか」

話を聞くと、お父さんはスペイン内戦で領内にとどまれず、フランスと当時のソビエトに亡命した兵士だった。スペインは、フランコの率いるナショナリスト派と人民戦線が争っていた。人民戦線をソビエトが、フランコをドイツ・イタリアが支援するなど、それは第二次世界大戦の前哨戦だった。

話を聞きながら、お父さんの目から目をそらさなかった。それが礼儀だと思った。自分が今、欧州の現代史と対面しているのだと思うと、身体が震えた。

その後もカルロスとの友情は続いている。カルロスに会うたびに、ぼくは彼のお父さんを思い出す。

（二〇一六年五月）

カンヌ国際映画祭特別編

フランスらしい
“おしゃれ泥棒”の仕事だった。

生まれて初めて財布をすられた。気がついたらポシェットに入れておいた財布がない。それは首から下げて胸の前に置いていた。パスポートなど大事なものはすべてその中にあった。はたから見ればその格好はみっともないが、お構いなし。外国へ行くときは、いつだってそうしていた。飛行機に乗る前に最後の一服と思って空港の外へ出て煙草を喫《す》って、ポシェットのｉＰｈｏｎｅを取り出したときだ。無い。財布がない。

記憶をたどる。最後に財布を見たのはいつのことだったのか？　空港までのタクシーの中。ホテルの部屋の中などなど。

カンヌ国際映画祭にて，マイケル・デュドク・ドゥ・ヴィット監督と(2016年5月).

初めてカンヌ国際映画祭を訪ね、その帰途の出来事だ。ぼくらはフランスで足掛け十年の歳月をかけてジブリの新作を作っていた。マイケル・デュドク・ドゥ・ヴィット監督作品『レッドタートル　ある島の物語』。「ある視点」という部門に参加するためだった。すべての行事を終えて国内線でパリに向かおうとしたときに事件は起きた。

出発の時間が迫っていた。とりあえず、ラウンジへ急いだ。と、そこへ飛行機会社の女性職員の方がぼくの財布を右手にかざしてニコニコ顔で登場した。財布の中にあった名刺でぼくを特定できたらしい。財布は、チェックインのカウンターの上に置いてあったという。うれしかった。クレジットカードなど停止の手続きをまさにやろうとしていた矢先のことだった。中身を調べた。カードは全部ある。

そして、気がついた。現金だけが抜き取られている。日本円もユーロも。その刹那、まざまざと記憶がよみがえった。チェックインしようとしたときに、何やら叫びながら乱暴にぼくらのそばに近づいて来た三十歳くらいの男がいた。あいつだ。急いでいる様子だった。あいつにすられたんだ。

どうやってすられたのか？　記憶は無い。同行のスタッフの誰も気づかなかった。ともあれ、財布が戻って本当に助かった。にしても、鮮やかな手並みだ。この場合、感心するのはふさわしくないが、これぞプロフェッショナルの技だし、フランスらしい〝おしゃれ泥棒〟の仕事だった。

（二〇一六年六月）

加藤周一さん

「ぼくは、仕事で出会った女性の名前を忘れない。なのに……」

その場に応じて、必要なことをきちんと演じられる人。そういう人をぼくは尊敬しているし、また、信じることができる。

いついかなる時にも、そういう人の常として、所作とせりふがかっこいい。いずれも、決まっている。どこを切り取っても、映画のワンシーンのように。

それは、けっして芝居じゃないし、きざでもない。あくまで自然にやってのける。

大勢ではないが、少なからず、ぼくはそういう素顔を持った人たちと出会うことができた。そのひとりが加藤周一さんだった。

二〇〇五年のことになる。ＮＨＫで放送した「日本　その心とかたち」のＤＶＤ化

加藤さん(前列左)，高畑勲監督(同右)たちとともに．

をジブリでもくろんだときの出来事だ。高畑勲さんの発案で、ＤＶＤの特別編として、加藤さんの講義をみんなで聴くという企画を立てた。集合場所は東京・上野毛にある五島美術館。加藤さんのご自宅からも近い。ビデオ撮影のためにスタッフが集まった。

打ち合わせが、いままさに始まろうとした刹那だった。進行役のＮＨＫの女性ディレクターが、自己紹介しようと名刺を差し出したとき、加藤さんがそれを遮った。

「ぼくは、仕事で出会った女性の名前を忘れない。なのに、君の名前を思い出せない」

その場に同席したぼくは最初、加藤さんが何を言い出したのかといぶかった。しかし、すぐに合点がいった。彼女も心得たもので、慌てることなく名刺を加藤さんに手渡した。

「今日はじめてお目に掛かります」

加藤さんは彼女の瞳を見つめながら、柔和な顔で楽しそうにニコニコしている。そのとき、ぼくは感じ入った。いくつになってもこういうお茶目《ちゃめ》な一面を失わない人が「女性にもてる」に違いないと。あとで数えてみると、このとき、加藤さんは八十五歳だった。

加藤さんは煙草にゆっくりと火をつけて、おいしそうに煙をくゆらせ始めた。煙草の吸い方までかっこいい。場の空気が一変した。スタッフ全員の緊張がほぐれた。収録は、むろん、うまく運んだ。

戦後の日本を代表する知識人として発言を続けた加藤周一さんは、人間としても第一級の魅力ある人物だった。

（二〇一六年八月）

庵野秀明監督

庵野にそのことを伝えると、彼は悪戯っぽく、にっと笑った。

『式日』という映画がある。庵野秀明が唯一、スタジオジブリと組んで作った実写映画だ。舞台は、彼が生まれ育った山口県宇部市。そこには庵野の綿密な計算があった。経験の浅い実写映画に挑戦するにあたり、隅々まで知り尽くしている宇部を舞台に選べば、不馴れな実写の現場を自分のペースで進めることができる。庵野は、そう考え抜いたに違いない。

ぼくも現場に足を運び、庵野に案内されるがまま町のそこかしこを見学したが、宇部興産(現・UBE)の工場の風景には本当に驚いた。現実の風景のはずなのに、そのまま撮るだけでSFになってしまう。ここが、『エヴァンゲリオン』の原点だと知った。庵野にそのことを伝えると、彼は悪戯《いたずら》っぽく、にっと笑った。

ぼくは、『式日』を作っていくことで、庵野秀明という男の映画作りの本質を知った。

等身大の自分自身をそのままさらけ出すことが映画作りだ、とかたくなに信じこんでいる。よく、自伝と称した小説や映画があるが、そのほとんどは美化されたフィクションでしかない。しかし、庵野は違う。その映画は、本物の自伝だった。結局、主演は岩井俊二さんに演じてもらったが、最初、ぼくが提案したのは庵野自身が演じることだった。

庵野監督(中央)，宮﨑駿監督と(2013年5月)．

『式日』は、その庵野秀明の映画作りがもっともピュアにほとばしり出た作品になった。『エヴァ』を好きな人は、ぜひ『式日』を見てほしい。より深く『エヴァ』の本質がわかるはずだ。

庵野秀明という男の極端な純粋さ。それだけに、この男と付き合っていくのは大変だ。自分をさらけ出すこと、本人の言葉を借りると「パンツを脱ぐこと」を自分にも他人にも要求するからだ。

ところが、それにもかかわらず、今も付き合っているのはなぜか。実は、庵野と同じ映画作りをしている監督がもう一人いる。宮﨑駿だ。ぼくは、そういう監督にしか関心が無い。だから、協力せざるを得ないのだろう。

その庵野の新作『シン・ゴジラ』が現在、公開中。ぼくはまだ見ていないが、庵野は、「ゴジラ」という題材で、どう自分をさらけ出しているのか。

（二〇一六年八月）

マイケル・デュドク・ドゥ・ヴィット監督

人を恋し愛するのに言葉は要らない。

バンコクに住む友人のアッシ君は、日本とタイのハーフ。彼は三十歳。この夏のはじめ、タイへ出掛け、その旅の終わりに、彼のご両親にお目に掛かったのだが、その日の出来事が忘れられない。

日本人のお父さんはタイ語をほとんど話せない。タイ人のお母さんは片言の日本語を話す。そんなふたりが出会って恋愛して、ひとり息子のアッシ君を育てて三十年余。ふたりはどうやって、コミュニケーションを交わしてきたのか？

アッシ君に問いただすと、込み入った話は、彼が通訳するそうだ。むろん、ふたりは愛し合っている。こんな話を思い出したのは、映画『レッドタートル　ある島の物

福島県の裏磐梯にて，マイケル・デュドク・ドゥ・ヴィット監督(右から３番目)，高畑勲監督(同２番目)たちとともに．

語』の内容と関係があるからだ。

　この映画には台詞が無い。なぜ、台詞が無いのか、インタビューで何度も同じ質問を受けた。最初の案では、少ないながら台詞があった。それを全部、無くすべきだと強く主張したのはぼくだった。なぜか？　そりゃあ、いろいろ説明はできるが、そのときの気分は思い出せない。人を恋し愛するのに言葉は要らない。そう思ったのだろう。たぶん。

　来日したマイケル・デュドク・ドゥ・ヴィット監督一家と

ともに、キャンペーンの後、一泊二日の旅に出た。裏磐梯の風景を見ながら、マイケルにそのタイの話をした。彼の表情に笑みが浮かんだ。

カンヌ国際映画祭の時、ふたりで話す機会があった。マイケルは、生まれ故郷のオランダ語をはじめ、何カ国語も話す。『レッドタートル』のスタッフは、ヨーロッパ中の人の集まりだった。現場を訪ねると、さまざまな言語が飛び交っていた。ある人にこう言われたのを思い出す。

「日本人は日本語だけ話せばいい。しかし、ぼくらヨーロッパ人は、いろんな言語を話せないと生きてゆけない」

自然に翻弄される人間、その中で、小さな確かな愛を育み、幸せな時間を過ごして生涯を終える。登場する男女とその息子に名前は無い。そして、言葉も交わさない。

マイケルは『レッドタートル』で現代の神話を作りたかったに違いない。

（二〇一六年十月）

保田道世さん

「ねえ、鈴木さん。男と女の関係って三つしか無いわよねえ」

いまでもよく覚えている。ちょうど今年と同じく、十月の声を聞いても、残暑がきびしい日の出来事だった。ジブリの一階と二階をつなぐ螺旋階段の途中で、保田道世さんとぼくが交差した。すれちがいざま、彼女が唐突にぼくを呼び止めた。

「ねえ、鈴木さん。男と女の関係って三つしか無いわよねえ」

足が止まる。保田さんがぼくの目をしっかと見た。彼女は、いつも唐突に話しかける。話に前段は無い。それが特徴だ。時間は午後のお昼時。螺旋階段から見おろすとスタッフがご飯を食べていた。

「お金と身体、それにこころ……」

『千と千尋の神隠し』上映のため韓国に同行した保田さん，宮崎駿監督と．

「どれがいちばん、質《たち》が悪いと思う？」

真っ昼間に話すような話題ではない。しかし、そのことをわかっていて、保田さんは聞いてくる。そして、悪戯《いたずら》っぽくニッと笑う。ぼくは彼女に促されてゆっくりと応えた。

「こ・こ・ろ、ですよねぇ」

「……そうよねぇ」

保田さんが納得するようにうなずき、「ハ、ハ、ハ」と大きな声で照れ笑いをした。

彼女は、なぜ、そんな質問をぼくにしてきたのか？

保田道世さんは、宮崎駿が命名した

〝ジブリの色職人〟として、その全作品に関わった人だ。彼女が、あの品の良い、ジブリの色を作りあげた。

高畑勲にとっては、五十年以上に及ぶよき仲間、宮﨑駿にとっては、生涯、心を支えてくれた人だった。

十月五日午後三時十一分、その保田さんが帰らぬ人となった。

夕方、小平にある彼女の自宅に保田さんを訪ねた。安らかな表情に包まれた保田さんを見守りながら、ぼくは冒頭のエピソードを思い出していた。彼女は仕事の出来る人だった。部下の信頼も厚かった。しかし、けっして仕事だけの人では無かった。若き日の保田さんは、昼間、高畑宮﨑と仕事をしたあと、夜な夜な、新宿のゴールデン街に出没するというもうひとつの顔を持っていた。

ぼくらが『ハウルの動く城』を作っていた頃の話である。

享年七十七歳、合掌。本当にご苦労さまでした。

（二〇一六年十一月）

ジョン・ラセター監督

文化の違いを埋めるのは、本当にむずかしい。

借景という言葉がある。文字通り、景色を借りるという意味だ。造園技法のひとつで、庭園外の山や樹木などの風景を、庭を形成する背景として取り入れる。京都の寺だと比叡山を借景として取り入れた庭が多い。

先日、お忍びで来日したピクサーを率いるジョン・ラセターにこの借景について説明したが、これがなかなか理解してもらえなかった。

第一に、英語に「借景」という単語は無い。ジブリの海外担当が本当に苦労して翻訳していた。

米国は、何も無い広大な土地を開拓によって切り開き、都市を作ってきた国だ。い

恵比寿のお店にて，宮﨑駿監督，板前さんとラセター監督(2017 年 3 月 8 日).

っぽう、日本は狭い国土をなるべく生かしながら工夫して都市を作り、その土地の長所と短所と共に暮らしてきた。

　ジョンと話したのは、恵比寿にある小さな小料理屋さん。カウンターだけのお店で、お客さんは六人でいっぱいになる。ジョンに本物の日本を味わってもらおう。そう考えて、この店に決めた。

　料理は主人がひとりで作る。カウンター越しにある調理場は、お客さんの目の前。ジョンが目をきょろきょろさせている。そして、「突き出し」が出る。しかも何種類もある。その度に、食器が替わる。食べ終わったあとの食器を片付けるのもひとりだ。

　ジョンが主人に質問した。

「これらの食器は、目的を考えてから選んで買うのか。あるいは、気に入ったものを買ったあと、使い道を考えるのか」

主人の答えは明快だった。何に使うかは最初から決めておく。狭いのは調理場だけじゃない。食器棚も小さい。

ジョンがしつこく質問した。

「しかし、食器を見ながら、気に入るものもあるだろう」

主人の答えは切なかった。

「目的が大事です」

ジョンに出会ったとき、ぼくらは『となりのトトロ』を作っていた。あれから二十九年を経たのに、ジョンと話していると、いまだに、こうしたささいなことで米国と日本のカルチャーギャップを感じるときがある。どこで生まれてどこで育ったか。その文化の違いを埋めるのは、本当にむずかしい。

（二〇一六年十二月）

キャロライン・ケネディさん

ぼくらの世代にとって特別の家族だった。

ジョン・F・ケネディ大統領とその一家は、ぼくらの世代にとって特別の家族だった。大統領就任が四十三歳。アメリカの歴史上、選挙で選ばれたもっとも若い大統領の誕生にぼくらは、中学生の時に大きな拍手を送った。その就任は、世界の明るい未来を約束していた。

日本でも新聞の扱いが特別に大きかった。その若さゆえか。日本のマスコミも、こぞってケネディ一家を取り上げた。ぼくらは、新聞とテレビで、奥さんのジャクリーンさんと長女のキャロラインさん、そして弟たちに親しみを感じていた。

そして、ダラスで起きた大統領暗殺事件。その日の朝、クラスのみんなが自宅のテレビの前にいた。

折しも、その日は日米間初の衛星中継の実験放送の日だった。ぼくの記憶だと、最初は、テレビの映像が乱れていた。少し映像がはっきりした時に、いきなり、大統領暗殺のテロップが飛び込んで来た。意味不明。子どもながらに、何故、こんなテロップを流すのか。イタズラにしては度が過ぎていると訝《いぶか》しんだ。ややあって、事件の詳細が伝えられ、ぼくらは大きな衝撃を受ける。

キャロラインさん，宮﨑監督と(2016年11月).

「アメリカ合衆国ケネディ大統領は十一月二十二日、日本時間二十三日午前四時、テキサス州ダラス市において銃弾に撃たれ死亡しました」

これはイタズラではない。本当に起きた事件なのだ。その事を実感するのに、ぼくには時間が必要だった。そして、一瞬にして、明るい未来に影が射した。

それから半世紀、キャロラインさんが駐日大使に就任した。テレビで彼女を見ながら、ぼくには感慨があった。

彼女からジブリに連絡があった。ぜひ、訪問したいと。

やって来たのは、トランプ氏が大統領になる事が決まった数日後のこと。宮﨑駿ともどもぼくも彼女を歓迎した。

そして、談笑の中で、彼女がこんな話をしてくれた。

「子どもと一緒に私も「ハイジ」を何度も見た。我が家には「ハイジ」のビデオが全部、揃っていた」

「ハイジ」といえば、若き日の高畑勲と宮﨑駿が一緒に作ったテレビシリーズだ。

この一月に彼女は離任し、そして、日本を後にした。


（二〇一七年二月）

黒澤明監督

「黒澤監督、最後の作品ですか」
「まあだだよ」

世界のクロサワさんに生前、一度だけ、お目に掛かったことがある。宮﨑駿が対談することになり、ぼくは企画者のひとりとしてその場に同席した。きっかけを作ってくれたのは、東阪企画の澤田隆治さんだった。

場所は、御殿場にあった黒澤明さんの別荘。応接間兼居間だったと思うが、真ん中に置いてあった大きな椅子が印象に残っている。

登場した黒澤さんは、挨拶の後、ゆっくりとその椅子に座った。対談が始まった。宮さんは緊張気味。それを黒澤さんが上手にほぐす。宮さんの顔に生気が戻る。才能があるだけじゃない。気遣いにおいても黒澤さんは一流の人だった。

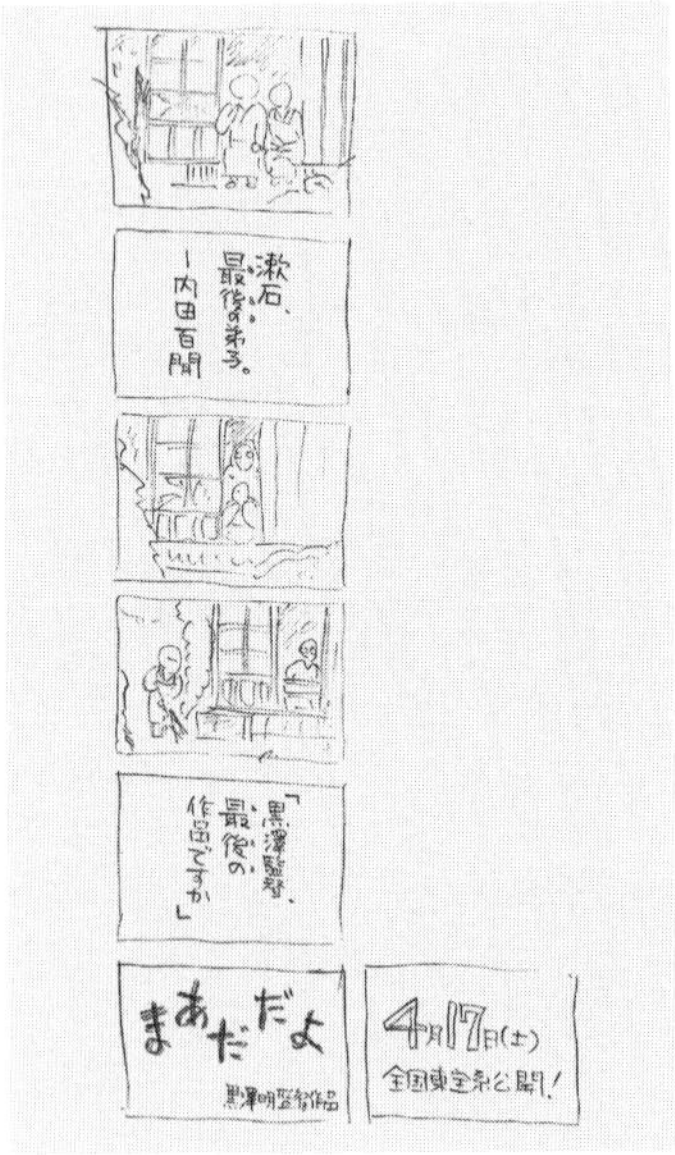

幻の絵コンテ.

黒澤さんの描く主人公像は、ひたむきで健気で一所懸命が大きな特徴だ。それは、デビュー作の『姿三四郎』から一貫していた。そういう生き方をした人物が年齢を重ねたらどうなるのか。それが、黒澤さんの遺作『まあだだよ』の主人公内田百閒だった。

対談をした時期は、『まあだだよ』の公開のころのことだったか。対談を間近で聴きながら思った。黒澤さんの印象をひとことで言うと、「立派な人」。黒澤さんは、自分の作ってきた主人公像を自分にも課した人だった。長い年月の間に、それを身につけて似合う人になっていた。

対談の準備の時期のことだった。映画の製作会社から『まあだだよ』のテレビ用スポットの製作を依頼された。ぼくが考えた案はこうだった。映像にかぶるナレーショ

黒澤監督(右)の御殿場の別荘にて行われた対談の一場面(1993年4月8日).(黒澤明・宮﨑駿『何が映画か』徳間書店,1993年より)

ン。

「黒澤監督、最後の作品ですか」

「まあだだよ」

この「まあだだよ」の声を黒澤さんにやって貰う。ぼくとしては、死ぬまで現役の黒澤監督を夢見ていた。

しかし、このぼくの描いた絵コンテを見た映画のプロデューサーが、八方手を尽くして、この案を潰しに掛かった。黒澤さんに失礼だと言うのだ。最後には、映画の製作者だった徳間康快まで登場し、ぼくに直接、「やめろ」と言って来た。

いまも、心残りになっている幻の案だ。

(二〇一七年二月)

カンヤダさん

翌朝のことだ。

写真を見るなり宮さんが叫んだらしい。


日本人はいつから型を無くしたのか。

友人のゆかりさんに、過日、日本へ遊びに来たタイの友人三人を紹介したときのことだ。ぼくの一番、親しいカンヤダとゆかりさんが挨拶を交わす。カンヤダの佇《たたず》まいが尋常じゃなかった。小さな笑みをこぼしながら、軽く頭を下げる。決まっているし、自然だし、見事だった。

カンヤダはどこで、そんな振る舞いを身につけたのか。ぼくの若い友人、依田《よだ》君は、カンヤダと食事をしたあとで感想を述べた。

「神様が人間に化けて降臨したような女性ですね」

「タイの王室の方かと思いました」
依田君は、食事中、彼女とひとことも言葉を交わさなかった。カンヤダの迫力に気《け》圧《お》されたらしい。カンヤダはそうじゃない。タイの農村に暮らす普通の若い女性だった。

カンヤダの旅の目的は、着物を着て浅草の町を練り歩くこと。これが初めて着た着物姿には到底見えなかった。写真を撮ってほしいというので、ぼくが撮りまくった。あとで、写真を見ながらイタズラ心がわいた。

現在、新企画を手掛ける宮崎駿が、新しいヒロイン像に挑んでいる。条件は着物を着る女性。宮さんが、彼女の着物姿を見たらどう思うのか。

早速、写真を選びセピア色に加工した。こうすれば、

カンヤダさん

昔の日本人に見える。それをジブリのプロデューサー室の白木さんに頼んで壁に貼ってもらった。宮さんは、一日数度、プロデューサー室に油を売りに来る。

翌朝のことだ。写真を見るなり宮さんが叫んだらしい。

「だ、誰だ？　この女性は？」

「鈴木さんのタイのご友人です」

手慣れたモノで、白木さんが応答する。無言でその場を去る宮さん。ぼくは、その場にいなかったが、白木さんのレポートによると、ぼくの不在を狙って、毎日、何度も写真を見に来たらしい。

一週間後、宮さんが彼女をスケッチした。そして。おもむろに質問したらしい。

「この写真は誰が撮ったのか」

それがぼくだと分かったとき、宮さんは「生意気な！」と悔しがったと白木レポートにあった。

（二〇一七年三月）

ダライ・ラマ十四世

そのとき、ぼくは初めて、事の重大さを実感した。

ダライ・ラマ十四世と会って握手をしたことがある。十年くらい前の話だ。ダライ・ラマを日本に招聘し、講演会を企画したスタッフのひとりがぼくの友人だった。関心があるかと声を掛けられて、もちろんと答えて、その日をワクワクしながら待っていたら、講演会が目前に迫ったある日、その友人がぼくに面談を求めて来た。電話の様子でタダならないものを感じたぼくは、その日の深夜に会う約束をしたと記憶している。会った途端に、友人は用件を切り出した。

「舞台に登場して、ダライ・ラマに花束を渡してほしい」

そう話す友人の顔が引きつっている。それが何故、ぼくなのか。理由を聞くと、友

ダライ・ラマ 14 世と(2007 年).

人が一気に話し出した。

いろんな人に声を掛けたが、次から次へと断られた。やっと、ひとり見つけたのだが、今日になって、その人から連絡が入りダメになったらしい。

考える余裕は無かった。即答を求められている。ぼくは深く考えることなく、その仕事を引き受けた。

当日、会場に赴くと、入口は厳戒態勢だった。そのとき、ぼくは初めて、事の重大さを実感した。入口までの通路の両サイドに、警察官が居並んでいた。

そして、ダライ・ラマの来日に際し、彼がこの会場に辿り着くまでの経路を聞いて驚いた。日本海側のある空港に降り立ち、その後は長距離のクルマ移動。ここでそれを詳しく紹介することは出来ないが、大変な困難を伴う来日だった。

この講演会の模様をジブリの機関誌「熱風」に全文掲載すると、いの一番に電話をくれたのが、日本テレビの元会長・氏家齊一郎さんだった。いきなりだった。

「どうやって、ダライ・ラマと接触を持ったんだ?」

「よくやったな! やっぱり俺たちの仕事って、これだよな」

氏家さんという人は、生涯、衰えぬメディア魂を持ち合わせた人だった。その誇りは、新聞記者時代に、キューバのカストロ議長の単独インタビューに成功したことだった。

(二〇一七年四月)

ゴールデン街のママたち

それがぼくの二十代の日課だった。

ふと思い出した。唯尼庵《ゆいにあん》のおキヨさん。新宿ゴールデン街の名物ママだった。二〇〇五年十一月二十日、彼女は若くして亡くなった。さまざまな人が彼女の想い出を語っている。なにしろ、新聞や週刊誌でも、その死が悼まれていた。ぼくにしても、出版社の記者編集者として十年近く、あの街に、唯尼庵に通い続けたひとりだ。

カウンターだけの店で、五、六人入ったら満員の店だった。一滴の酒も飲めないぼくが何故通い続けたのか。むろん、お酒の飲める仲間と一緒だったが、おキヨさんに会って言葉を交わす。それがぼくの二十代の日課だった。彼女はぼくと同世代だった。

そして、彼女はぼくのことを「トシ」と呼び捨てで呼んだ。ある夜、彼女が発した言葉をくっきりはっきり憶えている。

「トシ、勝負しよう！　先に行った方が負けだからね」。どういう意味だったか、それは読む人の想像力に任せる。気《き》っぷのいい〝昭和の女〟おキヨさんのような女性は、もう日本にはいない。

在りし日の「唯尼庵」のおキヨさん（酒場 小鉄提供）.

「今度、渋谷に喫茶店を開くから来な」

その店が自宅から歩いて十分だったことも手伝って、休みのごとにその店に通って、コーヒーを飲んだ。

もうひとり、おキヨさんの前にゴールデン街を取り仕切っていた女性がかの有名な前田のママさんだった。

ある夜、時計の針が十二時を大きく

回っていた。お腹が痛くなったぼくが窮状を訴えると、ママさんが「食べれば治る」と言って、無理矢理、おでんを食べさせられた。翌朝、ぼくは入院。盲腸が破裂したぼくは、腹膜炎で大手術した。入院は三カ月近くに及んだ。今となっては、それも笑って済ませられる懐かしいエピソードのひとつだ。

若い編集者にゴールデン街について聞いてみると、こんな返事が返って来た。

「観光地になっています。外国人の客が七割くらい。白人が多いですね」

今は昔、青春の一ページを綴ってみた。

（二〇一七年五月）

大塚康生さん

大塚さんがいなければ、現在のジブリは無い。

新人だった宮﨑駿を大抜擢し、映画のメインスタッフに加えたのは、高畑勲だった。映画は伝説のデビュー作『太陽の王子　ホルスの大冒険』。出会ったとき高畑さんは二十七歳、宮さんは二十二歳だった。以来、ふたりの付き合いは足掛け五十五年に及ぶ。

しかし、なぜ、そんなことが起きたのか。ぼくが注目したのが、ふたりの人生の兄貴分であり、大先輩だった大塚康生さんのこと。そのとき、大塚さんは三十二歳。後に分かることだが、会社に高畑さんを監督として推薦したのは大塚さんだった。反対する会社を粘り強く説得し、新人宮﨑駿の起用に力を貸したのも大塚さんだった。

「ルパン三世」を手がけたころの大塚さん(右)と宮崎監督.(『作画汗まみれ　改訂最新版』文春ジブリ文庫, 2013年より)

そのとき、大塚さんが何を考え、どんな気持ちでいたのか。

当時、ジャーナリズムの端っこに身を置いていたぼくは、その経緯を書き残すことが義務だと考えた。ぼくは、創刊間もないアニメ専門誌「アニメージュ」(徳間書店)の記者だった。

ぼくの話を聞いた大塚さんは、

「東映動画の歴史のワンエピソードとして書くなら」

と前置きして、この仕事を引き受けてくれた。内容は大塚さんの回顧録にもなった。題して「作画汗まみれ」。

そして、その件について、大塚さんは、さらりと書いてのけた。

『太陽の王子』の全期間を通じて、私はこのドラマ作りの精神的、創作的な部分に参加できなかった」

連載を読んだ宮さんからすぐに編集部に電話があった。

「すぐに会いたい!」

宮さんの元へ駆けつけると、宮さんはいきなりぼくのことを怒鳴りつけた。

「なぜ、こんな事を書かせたんだ!」

そのとき、宮さんの目に大粒の涙が浮かんでいた。宮さんは出会ったころから〝熱血漢〟だった。ぼくはといえば、終始沈黙を貫いた。

大塚さんがいなければ、現在のジブリは無い。その後、ジブリ創設に至るまで、大塚さんは陰になり日向になり、ふたりの面倒を見続ける。その間の出来事は、単行本になった『作画汗まみれ』に詳しい。

そして、ある日のこと、ぼくは大塚さんからふたりのことを託されることになる。

(二〇一七年六月)

神田松之丞（伯山）さん

劇場に熱気が満ちる。余計なお世話だが、心配になる。

友人の若い編集者に誘われるがまま、講談を聞きに行った。演じるは神田松之丞（現・六代目伯山）。講談を聞くなど、いつ以来か。

舞台に登場した彼を見てまず驚いた。若い。劇場は満席。老若男女が入り乱れる。チケットは発売と同時に売り切れるらしい。お客はよく分かっている。旬なものに人は自然と集まる。今日の演目は「天保水滸伝」四席。話を聞き始めた途端に、ぼくは魅了された。

舞台は利根川。笹川繁蔵と飯岡助五郎、二人の侠客の勢力争いの物語という話の大筋は心得ていたつもりが、彼が話し出すと吹っ飛んだ。その語り口にしびれた。声もいい。久しぶりの感覚だ。おまけに、上手なのに、おごりがない。語り口はどこまでも謙虚だ。

第一席。相撲取りだった笹川繁蔵がなにゆえ、やくざになったのか。たったそれだけの話なのに、聞かせる。ディテールがいい。しかも、話の先を聞きたくなる。

一席が終わる。自分が随分と緊張していたことを思い知らされる。身体中が汗ばんでいる。少し休みたい。緊張をほぐしたい。しかし、彼は許してくれない。舞台裏に引っ込んだと思ったら、間髪を入れず、再び登場した。

彼は観客のテンションが高いままに第二席を聞かせたかったに相違ない。しかし、演《や》る方だって体力がいる。若さがあるから今はできる。彼が年を取ったらど

師匠の神田松鯉さん(左)，春風亭昇太さん(右)とともに襲名の記者会見に応じる松之丞改め六代目「神田伯山」さん(2020年2月11日)．

うなるのかとふと想像した。

第二席。平手造酒《みき》の話。ステレオタイプのニヒルな素浪人が目に浮かぶ。しかし、松之丞の語る平手造酒には血が通っていた。

ここでトイレタイム。第三席。平手造酒の最期。観客の気持ちがひとつになる。劇場に熱気が満ちる。余計なお世話だが、心配になる。第四席をどうやって盛り上げるのか。

しかし、杞憂に終わる。第四席、彼は大団円に向かって、声をからすことなく一気に話を終わらせた。

その直後に、友人がぼくを見た。ぼくが楽しんだのかどうか。ぼくは興奮状態のままに、こう返した。

「また、聞きたい」

彼は現在二つ目。真打になる日は近い。


（二〇一七年七月）

奥田誠治さん

「きみは、言うことは立派だが、行動が伴わない」

小学校の時に、こんなことを通信簿に書かれた男がいる。

「きみは、言うことは立派だが、行動が伴わない」

ぼくの友人の映画プロデューサー奥田誠治さんだ。その奥田さんが、小学校の同級会に出席した日の話だ。会へ行くと、いきなり、老人になったその先生に言われたらしい。

「きみ、今、何をしているの?」

先生は奥田さんのことをよく覚えていた。

「きみは口だけで、行動が伴わなかった」

宮崎監督，筆者と奥田さん(1992 年 7 月)．

奥田さんが「日本テレビです」と答えると、間髪を入れず、先生が聞いた。

「正社員かあ⁉」

奥田さんは、ひるむことなく、ニコニコしながらこう答えたそうだ。

「そういう仕事があったんですよ」

今度は先生が怪訝《けげん》な表情をする。

「プロデューサーという仕事です」

奥田さんは、日本テレビの映画プロデューサーとして手掛けた映画が数百本。業界で彼の名前を知らない人はいない。むろん、ジブリの作品にも深く関わってくれた。

その付き合いは三十年以上に及ぶ。ジブリのスタッフを除いて、宮崎駿と昵懇《じっこん》になった人は、この奥田さんをおいて他にいない。あの『千と千尋の神隠し』の家族のモデルは奥田家の面々だ。

奥田さんは、その後、定年を迎え、その〝腕と口〟を見込まれて、現在は映画会社松竹に出向している。

奥田さんの企画はいつも度胆を抜く。自分が作るわけじゃないので、自由気ままに企画を考える。もし奥田さんが自分で作る人だったら、そうはいかない。抑制が働く。自由気ままに振る舞えない。

映画は監督だけでは作れない。時として、無理難題を押し付けるプロデューサーが必要になる。小学校の時の先生が奥田さんのことを覚えていたのは偶然ではない。奥田さんが生まれ持った、その押しの強さ、感情の高ぶりが先生の記憶に残っていたのだろう。それは、プロデューサーとして大事な武器だ。

小学校の時の先生のひとことが、ひとりの男の人生を決定付ける時がある。今日はふと、そんなことを考えた。


（二〇一七年八月）

堀田善衛さん

ぼくは身震いした。
これが作家というモノかと。

その日、鎌倉の東慶寺は夏の陽《ひ》が輝き、木々の緑がまばゆかった。思えば、ここに初めて来たのは十八歳の時だった。

目立たない門をくぐると、そこは異世界だった。音がしない。むろん、鳥のさえずりは聴こえる。蟬の声も聞こえる。油蟬、ミンミン蟬、そして、秋の到来を告げるつくつく法師の声が入り交じる。しかし、都会の音がしない。

その後、そこかしこと鎌倉の寺巡りをしたが、ここにかなう寺は無い。あれから五十年、何も変わらない。堀田さんのお墓は、その東慶寺にある。

堀田善衛さんの七回忌に娘さんの百合子さんが声を掛けてくれた。末席を汚すだけのつもりが、指名されるがままに、ぼくは、皆さんの前で堀田さんと奥さまについての思い出せる限りの話を長々としてしまった。隣にいた宮崎駿がニコニコしていた。

堀田さんとのご縁は、宮崎駿が彼の著作のファンだったからだ。『天空の城ラピュタ』を作っている時に、堀田さんに原稿を頼んだ。堀田さんは、人間とは何かを書いていらっしゃるのだから、その行く末について書いてほしい。若気の至り、ぼくは無手勝流だった。堀田さんはこころよく書いてくれた。

筆者が描いた堀田さんの似顔絵.

お付き合いが始まった。毎年、正月が終わったころ、新年の挨拶をかねて、逗子にあった堀田邸を宮さんとふたりで訪ねる。それがいつしか恒例行事になった。

やがて、ぼくは、堀田善衞、司馬遼太郎、そして、宮崎駿の三人の鼎談という企画を立てた。東京で三時間余。大阪で三時間余。それが原稿にまとまり、著者校正の段階になった。それぞれが原稿に朱を入れた。

ぼくが驚いたのは、堀田さんの修正だった。赤字は一カ所のみ。それも言葉尻の一文字だった。担当編集者に同行したぼくは、朱の入った原稿を前にすかさず質問した。

「赤字がない。なぜですか?」

「ぼくは、発言には責任を持っている」

ぼくは身震いした。これが作家というモノかと。内容は、『時代の風音』(朝日文庫)に詳しい。

(二〇一七年八月)

久石譲さん

ぼくは決めた。今日は、何も話さない。

八月五日の夜、ぼくらは、北九州の小倉の、とあるお寿司屋さんにいた。翌六日は、久石譲さんのコンサート。その前夜、「日本一美味しいお寿司を食べませんか」という久石さんの誘いに乗った。

ぼくは、このコンサートの舞台で、「オーケストラストーリーズ　となりのトトロ」のナレーションを務めることになっていた。

久石さんがスタッフと共に、少し遅れて店に到着した。カウンター席が満員になる。貸し切りだ。ぼくの隣に久石さんが座る。

挨拶もほどほどに、早速、大将が握り始める。それを口に頰張る。うまい、久石さ

宮﨑監督，久石さんとともに.

んの言う通り、絶品だ。寿司を握りながら、大将が説明する。

「胃に負担の掛からないモノを用意しておきました」

久石さんがニッと笑う。

「今日も、お酒は三杯だけ」

お酒好きの久石さんが自分を律する。一杯目のビールの後は、焼酎を注文した。

「『毛虫のボロ』も絵は完成しました」

宮﨑駿が作ったジブリ美術館のための短編作品だ。久石さんの反応が鈍い。心がここにない。いつもの笑顔を絶やさない久石さんじゃない。ぼくの方を見ると、慌てて「聞きました」と返事を返してきた。音楽はむろん、久石さんだ。

久石さんの顔をのぞき込む。顔がこわばっている。張り詰めている。コンサート前夜の緊張だ。ぼくは決めた。今日は、何も話さない。何を話したって、今宵の久石さんは上の空に違いない。

このツアーに張り着く日本テレビの「よだっち」こと依田謙一君も、いつもの彼とは違う。カウンター席を埋めた他のスタッフも、寿司を食いながら押し黙っている。気が付くと、久石さんがカウンターテーブルをピアノに見立てて指を動かしていた。

一時間半足らずで、全員、寿司を食い終わった。店の前で、久石さんと別れる。ぼくはタクシーに乗り込んだ。その瞬間、ドーッと疲れが出た。

その緊張を引きずりながら、翌日、ぼくは舞台に上がった。素晴らしいコンサートだった。泣いている観客がそこかしこにいた。

（二〇一七年九月）

小林桂樹さん

小林さんは、宮さんの期待に応えて、見事にその二面性を演じ切った。

小林桂樹さんが演じた藤枝梅安を覚えている人は多いと思う。昼間は鍼医だが、すご腕の仕掛人という裏の顔を持つ。ご存じ、池波正太郎の小説が原作の時代劇「仕掛人・藤枝梅安」(フジテレビ系)シリーズだ。

こういう二面性を持つ役を演《や》らせたら、この人の右に出る者はいない。なにしろ、見た目は、風采の上がらないサラリーマン然としている。その人が、夜な夜な、悪を懲らしめる。その梅安の活躍に、テレビの前で、日頃の鬱憤を晴らした人は多かったはずだ。

『耳をすませば』で、西老人を小林桂樹さんでと言い出したのは、宮崎駿だった。

しかし、その起用の理由を語ることはなかった。

なぜ、小林さんだったのか。その後、描かれた絵コンテで明らかになる。主人公、雫《しずく》の書いた物語を読んだ西老人は、「自分の中に原石を見つけて、それを磨くこと」と励まし、その直後に二人きりで温かい鍋焼きうどんを食べる——。大人なら理解できる。この映画の中で一番印象的な〝ラブシーン〟になった。

西老人は、単なる人のいいおじいさんではなかった。小林さんは、宮さんの期待に応えて、見事にその二面性を演じ切った。

アフレコで、雫が「カントリー・ロード」を歌うシーンがある。バックは、おじいちゃんバンドだ。ブースにそのメンバーがいた。それぞれに台詞がある。一人足りない。音響監督が指摘すると、宮さんは迷うことなく、その役をぼくに振った。

こういう時、ぼくは、ジタバタしない。開き直って、台詞をしゃべった。

小林桂樹さん

「聖司くんに、こんなかわいい……」

メンバーの中に小林さんがいた。気付かなかった。すかさず「いいですねえ」と言ってくれた。タイミングが絶妙だった。ぼくの芝居など下手に決まっている。小林さんは、場の空気を良くしようと考えただけだ。ぼくは、素直に笑顔で返した。

いろいろな撮影現場で、小林桂樹さんはいつも、そう振る舞ってきたのだろう。日本映画の黄金期、立ち止まっていたら、映画は公開に間に合わない時代だった。

（二〇一七年十月）

高畑勲監督

ぼくが映画を作る喜びを知った瞬間だった。

世の中に、こんなに頭のいい人がいたのか。それが高畑勲に初めて出会ったときの衝撃だった。頭がいいだけじゃない。人を怒らせ、その人自身が潜在的に秘めていた能力を引き出すことでも一流の人だった。

高畑さんは、映画版『じゃりン子チエ』を作っていた。そして、高畑さんが業界で〝巨匠〟と呼ばれていたことも知っていた。当時、ぼくはアニメ雑誌の記者だった。ぼくは、取材の準備を怠らなかった。

プロデューサーの話によると、高畑さんは絵コンテの執筆中。事前に、プロデューサーから映画の脚本を入手、原作と比較し、その違いを表にして、すべてアタマに入

高畑監督と.

れていた。質問は、ただ一つ。原作でいちばん感動的なシーンをなぜ、削ったのか？

取材の場所は東京・高円寺にあった大和陸橋の喫茶店。席に着くやいなや、高畑さんはぼくに対し、いきなり先制パンチを食らわしてきた。

「ぼくが原作を読んで、どこが気に入って映画を作ろうとしたのか。そういう、くだらない話を聞きたいんでしょう」

心の準備はできていた。そのパンチを無視して、ぼくは、用意しておいた質問を浴びせた。話し始めた高畑さんは止まらない。気が付いたら、三時間がたっていた。そして、席を立つ間際になって、こう言った。

「取材にならなかったでしょう。記事にはなりませんね」

ぼくは、冷静に答えた。

「ちゃんと記事にします」

この日をきっかけに、ぼくは、映画の完成の日まで毎日、高円寺まで通うことになる。そして、高畑さんと話した。その完成披露パーティーの席上、高畑さんは、ぼくを捕まえて、こう言ってくれた。

「あなたのおかげで、自分の考えが整理できた。ありがとう」

ぼくが映画を作る喜びを知った瞬間だった。映画の出来は言うまでもない。素晴らしい作品に仕上がっていた。

振り返れば、この毎日が、ぼくをしてプロデューサーに仕立てた。調べてみると、取材したのは一九八〇年の暮れ。あれから、三十七年の歳月が流れた。

（二〇一七年十二月）

倍賞美津子さん

「鈴木さん、体が動いている」

『ゲド戦記』のときだった。倍賞美津子さんの特別出演が決まった。当時、彼女の所属する芸能プロの社長とぼくが親しい関係にあって、そういうことになった。登場はワンシーンのみ。元まじない師だが、現在は魔法を信じられなくなり、模造の生地を売るという強烈な女主人の役だった。

出番を待つ彼女とぼくは、ソファで二人きりになった。初対面だった。いきなり彼女がニッと笑って、ぼくを見た。

「鈴木さん、体が動いている」

ぼくは自覚がなかったので驚いた。彼女が続けた。

「私も動いている。私は松竹歌劇の出だから。鈴木さんも若い頃、体を動かしていたでしょう」

中学高校で器械体操をやっていたと打ち明けると、「やっぱり」と答えて、そのまま体でリズムを取り続けた。

映画『炎のごとく』製作発表記者会見にて，おりん役の倍賞美津子さん(左)と仙吉役の菅原文太さん.

誰にも言ってなかったが、ぼくは倍賞美津子さんの大ファンだった。それも筋金入りだとひそかに自負していた。

最初に彼女をスクリーンで見たのは、森崎東《あずま》監督の女シリーズ第一弾、『喜劇・女は男のふるさとョ』。この作品で彼女に取りつかれたぼくは、その後、このシリーズを見続ける。

当時の日本映画界は斜陽だった。その一連の作品をぼくは渋谷松竹で見たが、劇場にはいつも十人くらいのお客しかいなかった。次に注目したのが、加藤泰《たい》監督の作品に登場した彼女だった。

女シリーズで健康なお色気が売りだった彼女が、今度は一転、ものすごく艶っぽい女として登場する。加藤監督が一九七〇年代に松竹で作った大作三本、『人生劇場』でおとよを、『花と龍』でお京とお葉を、そして『宮本武蔵』で朱実を演じた。

極め付きは、加藤監督が東宝作品として手掛けた『炎のごとく』の瞽女《ごぜ》のおりん。おりんは、映画の途中で主人公仙吉をかばって死んでしまうのに、ラストで幻と化して登場する。彼女を見ているだけで、うっとりする映画だった。

四本とも撮ったのは、丸山恵司キャメラマン。映画はこうでないといけない。いまから四十年くらい前の話だ。


（二〇一八年一月）

キャスリーン・ケネディさん

「もう二十年近くになる」「私もスティーブとそのくらい」

前夜、キャスリーン・ケネディと食事をした。スティーブン・スピルバーグ監督の『E・T』とか『インディ・ジョーンズ』のプロデューサーとして、日本の映画界でもつとに有名な女性だ。今回は、彼女がプロデュースした「スター・ウォーズ」の新作『最後のジェダイ』の日本キャンペーンのための来日だ。

もう時効だから書く。あのスピルバーグが、日本を舞台にサムライの映画を作る。そんな夢のプランが、その昔、あった。時代は室町、脚本も完成したが、残念ながら実現はしなかった。

だが、その仕事を通じてぼくはキャシーと知り合う。ちょうど『もののけ姫』のこ

キャスリーンさん，夫のマーシャルさん，宮﨑監督と．

ろか。間をつないでくれたのは、伝説の配給会社ＵＩＰの猪俣さんという女性だったと記憶している。

　ぼくのアドレスを知らせると、早速、キャシーから質問の嵐。ぼくらは、そのメールのやりとりですっかり意気投合。そもそも室町時代とは、日本の歴史の中でどういう時代だったのか。そこからぼくは説明を求められたことを覚えている。その後、彼女が来日したときに初めてお目に掛かるが、十年来の友達のように話し込んだ。

　そして、日本と米国を行き来するごとに彼女と共に食事を楽しむようになった。お互い忙しい身だが、何とか時間をつくって。

十年たった。ぼくはジブリ作品の米国の配給プロデューサーを彼女にお願いする。最初が『崖の上のポニョ』、彼女がルーカスフィルムの最高経営責任者（CEO）に就任するまで、ジブリの全作品をキャシーとその旦那フランク・マーシャルに預けた。

今回の滞在はたったの二日間、そのままロンドンに向かう。そのうちの一晩をぼくらのために割いてくれた。しかも、成田空港からレストランへ直行。ぼくは、彼女との最初の食事を昨日のことのように思い出した。

「あなたは、宮﨑駿と何年一緒に仕事をしているの？」

「もう二十年近くになる」

「私もスティーブ（スピルバーグ）とそのくらい」

場所は東京・八王子のレストラン、その時のキャシーの笑顔が忘れられない。あれからまた、二十年の歳月が流れた。

（二〇一八年一月）

菅原文太さん

文太さんはしゃべり続ける。ぼくも負けじとしゃべりまくる。

二〇一七年の暮れに岩手の花巻を訪ねた。その帰途、花巻から帰京するときに仙台を通る。そこでふと菅原文太さんのことを思い出した。仙台は文太さんの故郷だ。『千と千尋の神隠し』の登場人物の声を選んでいたときの話だ。宮﨑駿から注文が出た。

釜爺の「分からんか。愛だ、愛」、このせりふをきちんと言える役者さんは誰か？宮さんの眉間にしわが寄る。答えが見つからないとき、宮さんは神経質になる。

ひとつ間違えば冗談になってしまうせりふだ。スタッフの間に緊張が走る。誰も答えない。宮さんがぼくを見る。聞かれたら答えないといけない。だから、口走った。

菅原文太さん，宮﨑吾朗監督と(2006 年 5 月)．

「菅原文太……」

ぼくの声が小さい。一瞬、間があった。宮さんの顔がほころんだ。

「いいかもしれない」

収録は順調に運んだ。宮さんも大いに満足の様子だった。

収録の合間、文太さんの相手をするのは、ぼくの役割だった。何の話をしたのか、ほとんど記憶にないが、話が途切れない。この人とは相性がいいと思った。文太さんには言わなかったが、ぼくはテレビを含めて、彼の出演する作品のほとんどを見ていた。

『千と千尋の神隠し』が大ヒットした直後のことか。文太さんから今度ラジオをやることになった、ゲストで来てほしいと連絡があった。これは断れない。

確かぼくが最初のゲストだったと思う。女房が何事も勉強だというので、やることになったと、ご本人が説明する。収録の準備完了。文太さんはブースの中でスタッフに背を向ける。集中力を高めたいのだろう。ぼくからはおのずと立ち働くスタッフの姿が見える。

収録が始まった。むろん、台本はない。三十分、四十五分、文太さんはしゃべり続ける。ぼくも負けじとしゃべりまくる。ブースの外で、ディレクター氏が合図を送ってきた。

「もう十分です」

放送は二十分だった。ぼくが文太さんに目で合図をしたが、文太さんは振り返らない。収録は一時間を超えた。ぼくが文太さんを促す。文太さんがニッと笑う。

「いつ終わったらいいのか、分からんかった」

緊張が途切れた。気が付くと、ふたりで同時に破顔一笑していた。

（二〇一八年二月）

アーシュラ・K・ル・グウィンさん

しかし、この因縁の作品をモノにしないとジブリに明日は来ない。

アーシュラ・K・ル・グウィンさんが亡くなった。享年八十八歳。

彼女が著した『ゲド戦記』は、宮﨑駿にとって特別な作品だった。ジブリを立ち上げる以前の話だ。彼と初めて映画を作る話をしたとき、宮さんが真っ先にやりたいと言い出したのが、この『ゲド戦記』だった。

テーマは光と影。今風に言えば、影は〝闇〟と置き換えてもいい。人には必ず、その二面性がある。ありえなかったもうひとつの人生がある。

トトロは、心優しいだけじゃない。同時に怖い存在でもある。だから、小さな子どもはトトロを見て怖がって泣く。空に浮かぶラピュタの城が分かりやすい。緑に覆われた上半分の下部には、機械に埋め尽くされた別世界がある。

早速、出版社を通じて映像化の申し入れをしたが、あっさりと断られる。当たり前だ。当時のぼくらはどこの馬の骨か分かったものじゃない。

自宅の庭でくつろぐル・グウィンさん（2006年秋）.

それから二十年余。今度は、ル・グウィンさんの息子テオさんから、宮崎駿に、「『ゲド戦記』を映像化する気はないか」とオファーがあった。

『千と千尋の神隠し』を作っていたころのことか。宮さんの答えは「二十年早ければ……」だった。しかし、この因縁の作品をモノにしないとジブリに明日は来ない。ぼくはそう考えた。

監督を宮さんの長男吾朗君に決める。そのことをテオに伝えると、ル・グウィンさんが難色を示しているという。

テオが米国からたったひとりでジブリにやって来た。そして、吾朗君と対面。彼は、『ゲド戦記』を吾朗君で作ることに尽力する。

偉大な母を持つ息子は、偉大な父を持つ息子に対して、親近感を覚えたのか。その後、ぼくと宮さんは、テオの手引きで、ポートランドで暮らすル・グウィンさんの自宅を訪ねる。早朝だった。いつものことだが、宮さんの話に前置きはない。

「ぼくの作品はすべて、『ゲド戦記』の影響を受けています。息子の吾朗が作るが、作品の内容についてはぼくが責任を持ちます」

ル・グウィンさんは、夜まで回答を待ってほしいと言った。

そして、その夜、レストランでの夕食の途中、彼女が唐突に首を縦に振った。

（二〇一八年三月）

高畑勲監督（2）

四月五日午前一時十九分、高畑さんは亡くなった。

三月三十日、名古屋への日帰りの仕事の後、ぼくは宮崎吾朗らと一緒に病院に駆け付けた。東京駅から赤羽へ。駅前でタクシーを拾って病院へ。病室は最上階にあった。ぼくらより先に、宮崎駿がジブリの女性スタッフとともに待合室で待っていた。ぼくが先に入室して、宮さんを促す。宮さんが押し黙る。何も話さない。仕方がないので、ぼくが前に出る。

そして、ベッドの反対側に回り、ベッドに横たわる高畑勲の目をしっかと見て、大きな声で話し掛けた。

その一週間前のことか。ジブリ美術館に柳家小三治師匠を招いて落語会を催した。

その会に、高畑さんも奥さんと連れ立って来ていた。高畑さん夫妻は、小三治師匠の大ファンだった。演目は二つ。その一つ、泥棒噺《ばなし》の「出来心」が素晴らしい出来だった。後で師匠に尋ねると、一時間たっぷりとこの話を演《や》ってみたかったらしい。

普通は、十五分で終わる話。それを小三治師匠の師匠、小さんは三十分演った。だったら、俺は一時間。自分にとって、それはチャレンジだったと小三治師匠が教えてくれた。と、これは落語会の後の慰労会での話。

高畑さんの体調がすぐれなかったせいだろう。いつもは必ず参加するその慰労会に出ることなく、落語が終わると夫妻はすぐに帰途に就いた。

だから、ぼくは、この話をした。高畑さんはこういう話が大好きな人だった。高畑さんは、ぼくの目をジーッと見つめながら、ぼくの話に目で何度も相づちを打った。

奥さんの話だと、高畑さんは口を

開くことはできないが、頭はしっかりしている。だから、ぼくの話も理解している。そう言った。

病室の明かりが暗かった。高畑さんの家族もいた。宮さんは部屋の隅の方に身を寄せて、大粒の涙を流していた。ぼくは実際に見たわけじゃないが、気配で分かった。

ふたりが出会って五十五年になる。宮さんは、常日頃、「パクさん(高畑さんの愛称)は、九十五歳まで生きる。俺と鈴木さんの弔辞を読むのはパクさんだよ」と言い続けた。ジブリは、三人でやってきた会社だった。

四月五日午前一時十九分、高畑さんは亡くなった。享年八十二歳。落語会は、高畑さんの最期の外出だった。合掌。

(二〇一八年四月)

瀧本美織さん

「思わず、「菜穂子」になっちゃった」

某日、東京・丸の内の帝国劇場へミュージカルを見に出掛けた。

「今日は、舞台から鈴木さんを見つけたので、思わず、「菜穂子」になっちゃった」。会った途端、そんなうれしいことを言ってくれたのは、『風立ちぬ』で菜穂子を演じてくれた瀧本美織さんだ。舞台が終わった後、楽屋に彼女を訪ねた。

演目は「Ｅｎｄｌｅｓｓ　ＳＨＯＣＫ」。ＫｉｎＫｉ　Ｋｉｄｓの堂本光一さんが主演を務めるミュージカル作品だ。何でも、この演目は人気らしく、もう十八年も続いているらしい。美織ちゃんは、そこでヒロインを演じていた。帝劇でジャニーズを見るなど、彼女が誘ってくれなかったら、金輪際、あり得なかったことだ。なにしろ、

瀧本さんと.

二千人のお客さんのほとんどが女性だった。

その日のぼくは疲れ切っていて、途中で寝てしまったらどうしようかと、そんな不安を抱きながらの観劇だったが、舞台が始まると眠気は一気に吹き飛んだ。

最初米国風の、いわゆるミュージカルの味付け、そのうちに東南アジア、タイの手の動きに特徴のある踊りも入ってきて、殺陣《たて》のシーンでは韓国風のチャンバラが展開される。日本の時代劇の殺陣とは違う。「間」のない殺陣なのですぐに分かる。最後は日本。いくつもの和太鼓が館内に響き渡って、観客を興奮のるつぼへといざなう。無論、堂本君も太鼓をたたく。そして、大フィナーレを迎える。ぼくは、こんな面白い舞台が日本にあったのかと自分の不明を恥じた。

とにかく、飽きさせない。思わず、見続けてしまう。これぞ、アジアのエンターテインメントの見本のような作品だった。

ぼくは、日頃からアクションをやりたいと意欲を示す美織ちゃんに言った。

「殺陣もやりたかったたんじゃない？」

「うーん、やりたかった。身体がウズウズしていた」

いつの日か、舞台で美織ちゃんの殺陣を見てみたい。


（二〇一八年五月）

宮﨑駿監督一家

宮さんの家族が図らずも一家総出で作った本になった。

随分と長い間、ぼくは編集という本づくりの仕事に携わってきたが、今回ほど幸運を感じたことはない。

企画は宮﨑駿。テーマは「トトロの生まれた場所」だ。となると普通は、宮さんがロケハンした場所を写真に撮って紹介すればいい。しかし映画の公開から数えると三十年、実際に歩いてみると風景は一変していた。さて、どうするか?

ぼくがふと思いついたのが、「トトロのふるさと基金」のために、宮さんの奥さんである朱美さんが描いたイラストだった。名も知らぬ、しかし丹念に観察し描いた草の数々は美しかった。早速、彼女に連絡を取って会いに行く。

宮﨑監督とともに，『となりのトトロ』のモチーフになった森を歩く．

ジブリからは、田居《たい》因《ゆかり》出版部長に編集担当の永塚あき子君、それにぼくの三人。朱美さんはすぐに、ぼくらにスケッチブックを見せてくれた。

そこで最初の幸運があった。一つは、その場に宮﨑家の次男、敬介君が居合わせたこと。もう一つは、永塚君と朱美さんと敬介君の相性が抜群によかったことだ。実際の本作りは、著者と編集者の相性によって決まる。

スケッチブックを見ながら、矢継ぎ早に「きれい」を連発する永塚君の素直な感想に、朱美さんの表情がほころぶ。そして、敬介君の湧き出るアイデアが本の構成案を作っていった。敬介君は、普段は木口木版《こぐちもくはん》という古い技で絵を彫る版画家だ。あとで永塚君が、敬介さんはプロデュース能力があると指摘したが、まさにその通りだった。

実際の編集は、いったん決めたことの蒸し返し。朱美さんが「やっぱり、こうしたい」と言い出すと、永塚君が「だったら、ここもこうすべきで」と言い返す。ぼくが立ち会っただけでも、毎回、そのやりとりの繰り返しだった。

そうこうするうちに、さらに幸運が重なる。朱美さんの絵の展示をジブリ美術館でやろうと話が発展し、そこで名乗りを上げたのが長男の吾朗君だ。そのことを打ち明けられた朱美さんは、心から喜んだらしい。

『トトロの生まれたところ』(岩波書店)は、こうして、宮さんの家族が図らずも一家総出で作った本になった。宮さんが言いだしてから、気がつくと一年の歳月が流れていた。

(二〇一八年六月)

永六輔さん

ぼくは、そのときの永さんの手のぬくもりを
いまだに覚えている。

もう七、八年も前のことになるのか。

友人の出版記念パーティーでの出来事だ。場所は東京・原宿にあったとあるレストラン。諸般の事情で、ぼくが先頭を切って挨拶をすることになっていた。壇上に立つ。なんと、目の前に、永六輔さんがいた。ぼくは、一瞬、ドギマギした。

永さんは、ぼくらの世代の憧れの人だった。なにしろ、あの「上を向いて歩こう」の作詞者だ。少年時代、ぼくは坂本九の歌うこの歌が大好きだった。それは大人の歌じゃない。少年のための歌だった。

こうなると、無手勝流しかない。ぼくは、一所懸命に話した。そして、挨拶が終わ

ると参加者の中で真っ先に拍手をしてくれたのが永さんだった。さらに、席からわざわざ立ち上がり、ぼくの挨拶が素晴らしかったと言って握手を求め、ねぎらってくれた。ぼくは、そのときの永さんの手のぬくもりをいまだに覚えている。

お目に掛かったのは、このとき一度きり。しかし、その後、ぼくが自分の本を送ると、必ず、ひとこと印象的な言葉を書いて、お礼のはがきをくれた。そのはがきをぼくは大事にしまってあるが、最近、こんな話を聞いた。

永さんは、いつも何も書いていないはがきを手元にいっぱい用意していたらしい。そして、時間の許す限り、手書きのはがきを書き続けた、と。

永さんのことを思い出したのは、先日、報道ステーションで、コメンテーターの後藤謙次さんが永さんの言葉を紹介していたからだ。五十年くらい前、警視庁の警察学校で永さんが講演したときのエピソードだ。

「警察官は、社会正義のため頑張ってくれるのが仕事だが、80％くらいの正義感で仕事にあたってほしい」

そして、後藤さんはこう付け加えた。

「つまり、100％の正義感を駆使すると、社会全体が息苦しくなる。そう言いたかったのだと思う」

残念ながら、いまの日本は社会全体が息苦しい。二〇一六年七月七日に亡くなった永さんがいま生きていたら、どんな発言をしたのだろうか。

いまこそ、永さんが残した名言の数々に耳を傾けたい。


（二〇一八年七月）

落合博満さん

この人は、こうやって戦ってきた。

野球の試合に解説はつきものだが、解説の方が試合よりも面白いゲームを観た。久しぶりの休日の午後。何の気なしに、テレビをつけたら、ちょうど野球が始まるところだった。しかも、聞き慣れた声が聞こえてきた。今日の解説は、中日の元監督落合博満さん。七月一日、日曜日の中日巨人戦。球場はナゴヤドーム。

ぼくは、普段、録画予約をしておいた野球を夜中に観るのが一日の楽しみ。しかし、解説が落合さんだと分かれば、そういうわけにはいかない。そのまま見入った。聞き入った。

あとで分かったが昨年一月のドラゴンズのゼネラルマネージャー（ＧＭ）退任後、この日が初めてのプロ野球中継の解説だったらしい。
試合は、緊迫する投手戦だった。巨人の投手は、来日初登板のヤングマン、中日は山井だった。試合が終盤にさしかかった。1対0で巨人が勝っていた。

落合さんと(2010年).
(撮影/中日新聞社・岡村徹也)

7回だったか、巨人がチャンスを迎えた。追加点が取れそうだった。そのときだ。落合さんが静かに口を開いた。

「点を入れない方がいい」

一瞬、何を言っているのか、意味不明だった。ここで点が入れば、ダメ押しになる。

「1対0の緊張が途切れると、勝運はどちらに傾くか分からなくなる」

背筋がぞっとした。野球という

のは、当たり前だが点取りゲームだ。普通は、たとえ1点でも取りに行く。それが普通の監督だ。

なのに、点を取らない方が勝てると言い切ったのだ。実際は、巨人が追加点を取り、そのまま勝利した。しかし、ぼくには、落合さんの言葉が心に残った。

この人は、こうやって戦ってきた。その神髄を見た一言だった。

去年の話だ。落合さんと食事をする機会があった。そのとき、ぼくは質問をした。

「選手と監督、どちらが好きでしたか？」

こういうとき、落合さんは即答しない。考え込む。落合さんの、この沈思黙考の時間が、ぼくは好きだ。そして、耐えがたい間のあとに答えてくれた。

「……もういい」

両方とも、もういいという意味だった。トコトンやり尽くした人の言葉だった。

（二〇一八年八月）

清水克浩さん

一生に一度くらい男女の話を書いてみようかという気になった。

六十ならぬ、七十歳の手習い。物語を書いてみた。題して「南の国のカンヤダ」。タイの田舎町パクトンチャイで大家族と暮らす若きシングルマザーの話だ。なぜ書くことになったのか。すべては小学館の編集者、清水克浩君の熱意のたまものだ。

今から三年くらい前のことか。「女性セブン」で、清水君から連載をやってみないかと提案があった。週刊誌で連載、正直に言うと驚いた。しかも、女性誌。いったい、何を書けばいいのか？　第一、毎週、原稿を書くなど、ぼくにできるのか。清水君は、こっちの気持ちなど斟酌することなく、その後も粘り強く何度もぼくの前に現れた。

ふと思いついたのが、東京で偶然、知り合ったタイの娘、カンヤダのこと。留学生

タイのパクトンチャイにて(2017年夏).

として来日、実際の目的は、日本でお金を稼いで家族を養うこと。残念ながら、その目的はかなわず、彼女は一年足らずで帰国した。

そのカンヤダから、タイへ来てほしいと連絡があった。彼女はシングルマザーになっていた。息子には父親がいないという。ぼくは、仲間を誘って彼女の故郷パクトンチャイへ旅をした。バンコクから車で六時間。ぼくらは、その地を見て驚いた。六十年前の日本がそこにあった。

この話を清水君に持ち掛けると、彼は連載が実現するなら、テーマは何でもいい。そんな表情を見せた。清水君はこの上なく正直な男だった。

となると、連想が連想を呼ぶ。なにしろ女性誌だ。一生に一度くらい男女の話を書いてみようかという気になった。

むろん、主人公はカンヤダ。清水君の四方山話を聞けば、独身の彼の大きな関心はそれしかなかった。清水君にしても、そろそろ婚期を逸しそうな年齢に達している。そんな彼が喜ぶ話ならうまくいくかもしれない。そう思った。

書いてみて分かったが、毎週原稿を書くというのも苦にならなかった。それどころか、ぼくはその時間を大いに楽しんだ。タイへの旅は、都合五回になった。清水君も、いつのまにか旅の仲間のひとりになっていた。そんな彼から最近、報告があった。

「彼女ができました!」

（二〇一八年九月）

立川志の輔さん

これ以上の「仲蔵」を聞くことは、生涯にもう二度とない。

五月に東京・赤坂で立川志の輔師匠の「中村仲蔵」を聞いた。その帰り道のことだ。ぼくの運転がいつもと違う。車の後方部分が左右に大きく振れる。一定しない。自分の身体《からだ》と車がバラバラだ。

助手席にいたぼくの若い友人清水克浩君が不安を口にした。「どうしたんですか?」どうしたもこうしたもない。聞いたばかりの噺の見事さに興奮が収まらない。志の輔さんの「仲蔵」を聞くのは、今回で四回目か。文字通り「大出来」だった。これ以上の「仲蔵」を聞くことは、生涯にもう二度とない。ぼくはさまざまな舞台を見るが、本当にいいと思えるのは、三年にせいぜい一回あればいい。

会場は、赤坂にあるACTシアター。収容人数はおよそ千三百人。噺のヤマ場で、客席が息をのむ。千三百人が息を止めた。

普通は、声が掛かるところ。しかし、息を止めているから声が出ない。場内は水を打った静けさ。というか、そこに立ち会った人々すべてが体験したことのない心地いい緊張を共有した。最後の十分くらいか。ぼくを含めた客席にいたみんながはなをすすり、高ぶる感情で涙が止まらなかった。

演者は観客の無反応をどう受け止めたのか？　終演後、志の輔さんを楽屋に訪ねて確かめたかったが、やめた。それこそ野暮というモノだろう。

東京・赤坂ACTシアターで「中村仲蔵」を口演する志の輔さん(撮影／橘蓮二).

この演目は、苦労の末、歌舞伎役者の最高位である名題《なだい》に上り詰めた仲蔵の噺だ。仲蔵が名題として初めて振られた役が、「仮名手本忠臣蔵」五段目の斧定九郎《おのさだくろう》。それまで名題が演じたことはない。それは歌舞伎界の掟を破って出世する仲蔵へのいじめだった。しかし、この役を仲蔵は、ある日、偶然出会った浪人をモデルに演じ、大好評を博す。

そして、これ以降、名優たちがこぞって演じる役になる。その後、さらに芸道精進した仲蔵は、名優として後世に名を残した。

志の輔さんには、『かぐや姫の物語』でお世話になった。それがご縁で、高座に足を運ぶようになった。あれから五年、ぼくは客席から仲蔵と一体化した志の輔さんを目撃した。日曜日の午後、本当にいい一日だった。

（二〇一八年十一月）

アリアナ・グランデさん

彼女の腕に千尋がいない。

「ソウルの女王」こと、アレサ・フランクリンさんの葬儀がニュースで流れた。アリアナ・グランデさんが何度もテレビに登場した。ぼくの目は、彼女の腕にくぎ付けになった。

その数日前のことだ。アリアナが自分の前腕部に『千と千尋の神隠し』の大きなタトゥーを入れたとネットで話題になっていた。インスタグラムのストーリー機能を使って公開したらしい。

友人がぼくにそのネットニュースを送ってくれた。公開された写真を見て、ぼくはアリアナに親近感を抱いた。彼女の腕には、ぼくが一番慣れ親しんだ千尋がいた。

ぼくは忘れない。この絵しかない。そう信じて、この絵をポスターに使った。千尋のこの表情が、ぼくは好きだった。

ところが、あれ、ない！ テレビに映る彼女の腕に千尋がいない。ぼくの目が悪いのか？

日本では、タトゥーは一般的に印象がよくない。タトゥーというと、日本ではヤクザのイメージが強い。ぼくらの世代は健さんを思い出す。先年亡くなった高倉健さんだ。それは映画「昭和残侠伝」シリーズの中でも「親にもらった大事な肌を刺青《すみ》で汚し……」と歌われ、反体制の象徴だった。

しかし、世界では違う。タトゥーには自分を守ってくれる守護神の意味がある。日本でも、そうした若い人が増えつつある。

ちなみに、ぼくはアリアナについて何も知らない。歌を聴いたのも、ニュースが初めてだった。彼女は昨年、イギリスのマンチェスター・アリーナで開催したコンサートで、多数の死傷者を出す爆弾テロの被害に遭遇した。その後、心的外傷後ストレス障害（PTSD）を発症したが、千尋の生きる力に励まされて元気になったという。

今朝、この話をすると、それまで険しかった宮﨑駿の表情が和らいだ。

にしても、疑問が二つある。一つは、ニュースで流れた彼女の腕になぜ、千尋はいなかったのか？

もう一つは、千尋の絵が左右逆版になっていたこと。

友人に聞くと、ハリウッド女優やスターたちはファンデーションでタトゥーを隠してしまうらしい。疑問は疑問を呼ぶ。こうなったら、彼女に会って、真相を確かめるしかない。

（二〇一八年十二月）

翁長雄志さん

同世代だから分かることがあるし、話せることがある。

ぼくの手元に沖縄県の前知事、故翁長雄志《おながたけし》さんを取材したテープが残っている。ジブリで発行する月刊誌「熱風」のためにロングインタビューしたときの音源だ。時間にしておよそ百分。その内容は、ぼくのラジオ番組「ジブリ汗まみれ」(「TOKYO FM」系全国三十八局ネット)でも放送する許諾を事前に得ていた。二〇一五年の五月の話だ。

インタビュアーはジャーナリストの青木理《おさむ》さん。場所は都道府県会館沖縄県東京事務所。

青木さんのインタビューがほぼ終わりかけたところでぼくが途中参加すると、翁長さんが相好を崩した。それまでの硬い表情を変えてニコニコした。

言葉遣いも多少、乱暴になった。

そして、記事にしないことを条件に、辺野古について本当に考えていることを話し出した。同席していたスタッフらが驚く。それを見て取った翁長さんは、スタッフにこう説明した。

「みんなに話すのも初めてのことだ」

翁長さんは、理想を失わない現実主義の政治家だった。

翁長雄志さん

にしても、翁長さんの口はなぜ、軽くなったのか。

「同じ世代ですよね」

ぼくが翁長さんに向かって、こう話したその刹那のことだった。相好を崩したのは。

翁長さんもぼくも団塊の世代だ。同世代だから分かることがあるし、話せることがある。話の途中で、翁長さんの顔が憎悪に満ちた瞬間があった。

「(大学へ入学するために)東京へ出てきたときのことは忘れない」

不動産屋を回って、下宿を探そうとしたら、どこもかしこも「外国人と沖縄人お断り」だった。本土へ行くにはパスポートが必要な時代で、沖縄はまだ日本への返還前だった。

後日、「汗まみれ」で放送する仮編集の音源を送った。一回三十分で二週放送の予定だった。翁長さんから返事があった。

「申し訳ないが、放送はやめてほしい。リラックスし過ぎている。世間に誤解を与えたくないので」

翁長さんの訃報に接したとき、ぼくが最初に思い浮かべた言葉は、無念という二文字だった。

(二〇一八年十二月)

米津玄師さん

その名前から、お寺の住職だと思い込んだぼくは……

米津玄師《よねづけんし》の名前を知ったのは、ジブリが毎月発行する「熱風」の誌上だった。それは、ジブリ美術館で上映する短編アニメの新作『毛虫のボロ』の特集号だった。その名前から、お寺の住職だと思い込んだぼくは、年齢も五十歳前後と想像した。

そんなある日のこと。『トトロの生まれたところ』(岩波書店)のジブリの担当編集者に頼まれた。

「米津さんに手紙を書いてほしい」

深く考えることもなく、ぼくはその場で真っ白なコピー用紙に、ぶっつけ本番でマジックペンを使い手紙を書いた。あなたがツイッターで呟《つぶや》くと影響力があると聞いた。

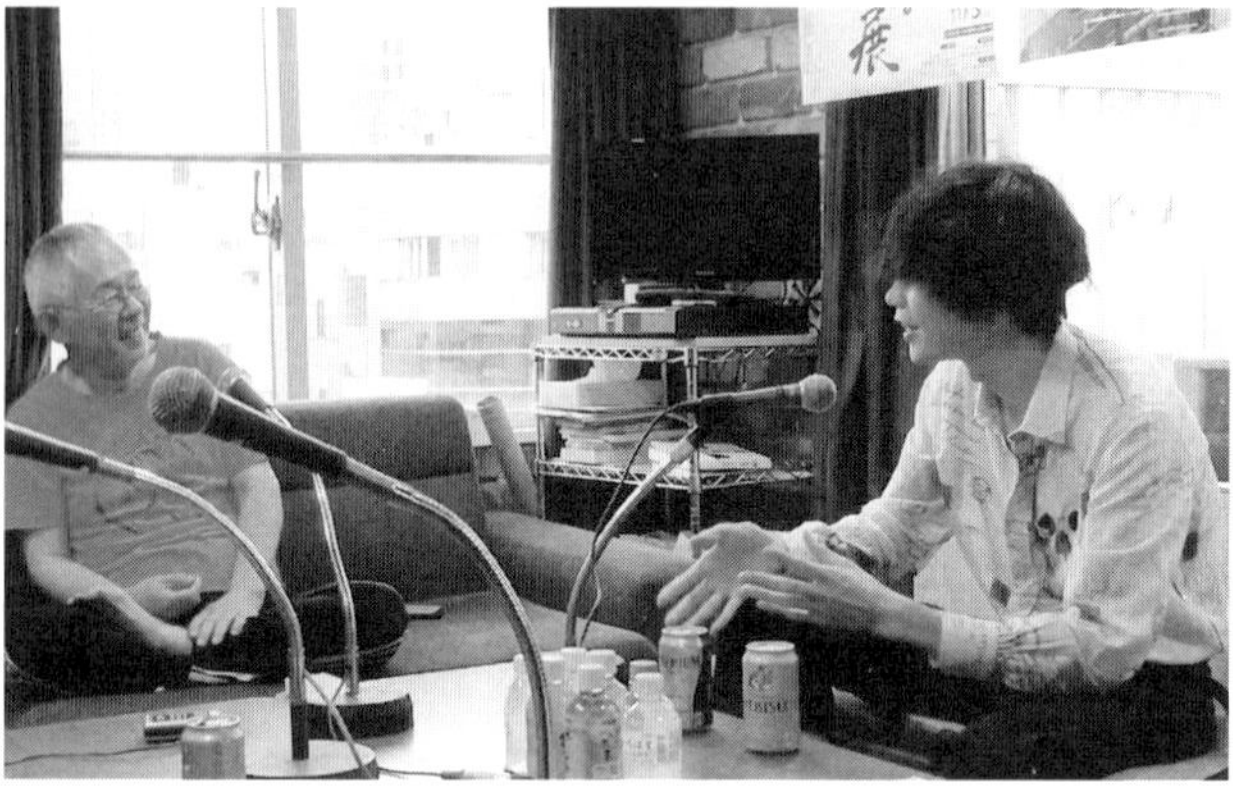

米津さんとの「ジブリ汗まみれ」収録風景.

この本に目を通し、呟いてもらえませんか。

早速、返事があった。米津さんの事務所の社長から。書いてあったことは三つだ。

呟きます！　直筆の手紙をもらってうれしい。そして、米津さんが、ぼくのラジオ番組「ジブリ汗まみれ」のヘビーリスナーであることを知る。

慌てたぼくは、ウィキペディアで米津さんが何者なのかを調べた。そして、失礼な手紙を出してしまったことを悔いた。こうなったら、謝罪しかない。あるとすれば、「汗まみれ」にゲストとして迎えることか⁉

米津さんの年齢は五十歳じゃなく、二十七歳だった。ぼくとは年齢が離れすぎている。そういう人を相手に、きちんと話をできるかどうか……。しかし、もう手遅れだ。返事はしてしまった。墓穴を掘るのがぼくの人生だ。後悔は、先に立たない。

当日の収録は思いのほか、スムーズに進んだ。相性が良かったのか、あるいは、運が良かったのか。

しばらくして、米津さんと社長を娘の自宅に招いた。娘は『耳をすませば』で使われた「カントリー・ロード」の日本語訳詞者だ。米津さんはこの歌詞が好きだった。気が付くと、ふたりの対談に。聞き入るその他大勢。不思議な、妙に甘美な時間が流れた。

昨年十月二十七日、ぼくと娘とその仲間たちが幕張で開催された米津さんのコンサート会場にいた。彼の魅力はあの目だ。髪に見え隠れする、あの目にいろんな表情がある。ぼくは、彼のはにかむ目が好きだ。

（二〇一九年　月）

梅原猛さん

それまで丁寧だった梅原さんの語気が荒くなった。

『もののけ姫』の公開直後の話だ。場所は京都のとあるお店。そこで、梅原猛、網野善彦、そして、宮﨑駿の三人が集まった。ある月刊誌の鼎談企画だった。ぼくは、宮さんの付き添いとして、その場に同席していた。

初めて間近に見る梅原さんは、堂々たる体軀の人だった。ぼくは高校生の時に、母校で講演する梅原さんを遠くから見たことがあった。そして、大学一年生の時に読んだ梅原さんの著書『地獄の思想』に大きな影響を受けていた。

その本に書かれていた宮沢賢治の『よだかの星』論がきっかけで、ぼくは宮沢賢治をむさぼり読むことになる。

鼎談の後、ぼくを含めた四人で食事になった。旧知の網野さんがひとしきり名古屋のことを話題にした。梅原さんは、京都へ行くまで名古屋で青春を送っている。網野さんにしても、若き日、名古屋にあった高校で教鞭を執ったことがある。ぼくは、この話が早く終わってほしいと心で願っていた。突然、網野さんが話をぼくに振った。

「鈴木さんは、確か、名古屋の出身でしたね」

その刹那、梅原さんの目が光った。梅原さんがぼくに質問をしてきた。

「高校はどこだ⁉」

梅原猛さん

脂汗がじと〜っと流れた。正直に答えるしかない。

「東海高校です」

それまで丁寧だった梅原さんの語気が荒くなった。

「……俺の後輩じゃねえか！　なぜ、黙ってた？」

どうもこうもない。梅原さんが先輩

であることは先刻承知だったが、そのことは話さない方がいいと本能が自分に言っていた。しかし、こうなれば、開き直るしかない。心を強く持った。その後も、梅原さんはぼくへの質問を続けた。「卒業はいつだ?」「あいつを知っているか?」などなど。宮さんは、ぼくを見ながらニコニコしていた。

その梅原さんが、この正月に死去した。享年九十三歳。

新聞で梅原さんが亡くなったことを知ったぼくは、テレビを見守ったが、報道がほとんどない。なぜ! ぼくの中で、小さな怒りが湧いた。

梅原さんの著者『隠された十字架　法隆寺論』は、ぼくにとっていまだに名著なのだから。

（二〇一九年二月）

富司（藤）純子さん

その度に、ぼくはいつも学生時代にタイムスリップする。

映画館の片隅で、息をひそめてスクリーンに見入る。まるで世をはばかるように、じっと見入る。映画を観るのは、いつも最終回。やくざ映画は夜がいい。観客はまばらだ。労働者と大学生たちが、ここでは同じ空気を吸っている。

東京の目黒川沿いにあった五反田東映は、やくざ映画の全盛期にあってもお客の少ない映画館だった。大学生だったぼくは、ひとりで観るときは五反田東映と決めていた。友人と連れだって観るときは渋谷東映。この小屋はいつも超満員で、お客があふれていた。

当時の映画館は、スクリーンを守るための幕があった。五反田東映は、その真ん中

に東映と日の丸の旗が縫い付けてあった。その二つの旗が目に焼き付いている。

上映開始とともに、その幕が開く。その刹那、心臓が鼓動する。ドキドキ、気分が高揚した。

東映のオープニングが終わると、スクリーンの真ん中で、藤純子《じゅんこ》がいきなり口上を述べる。

「熊本は五木の生まれ　姓名の儀は矢野竜子　通り名を緋牡丹のお竜と発します」

緋牡丹博徒シリーズの第一作。調べてみると、一九六八年、いまから約五十年前のことだ。

女でありながら義理と人情のしがらみの中に生き、悪にはドスを片手に立ち向かう。その立ち回りのうまさは男と比べても引けを取らなかった。藤純子さんは、当時、二十二歳だったというから驚く。

そして、七二年の引退まで、ぼくは彼女をスクリーンで観続けることになる。忘れられない作品は、高倉健と共演した『日本侠客伝　昇り龍』。報われることのない愛を一途に貫き、はかなく朽ち果てる藤純子が演じたお京は、本当に美しかった。今般、新作歌舞伎で『風の谷のナウシカ』を上演することになった。ナウシカを演じるのは尾上菊之助さん。そのお母さまが藤純子あらため富司純子《すみこ》さん。この話があってから、ぼくは何度も彼女に会っている。その度に、ぼくはいつも学生時代にタイムスリップする。

こうなると、思わざるを得ない。縁は異なモノ、不思議なもの、と。

（二〇一九年四月）

大楠(安田)道代さん

「いずれまた、何処かで、必ず」

年齢を重ねるとともに、美しくなる。そんな女優さんに会った。安田道代、現大楠道代さんだ。東京都調布市で開催された映画祭「映画のまち調布　シネマフェスティバル２０１９」で、三月二日、彼女とともにトークショーを行った。印象に残った彼女の発言を、順不同に書くとこうなる。

「自分の出演した映画は一度しか観ない」

「出演した映画の台本は、一冊も手元に残っていない」

「この世界に入ったのは、石原裕次郎さんに会いたかったから」

安田さんは、物言いがはっきりしていた。迷いが無い。潔い。そうは言わなかったが、私は私、何か文句ある？　そんな感じの人だった。

それでいて、他人の話にもちゃんと耳を傾ける。そして、応えるときは、いつも一点を見つめている。はっきりものを言えば、普通は相手に嫌悪を抱かせるときもあるが、彼女はそうではない。たぶん、生まれ育った品のせいか。

むろん、相手を責めることもない。一番、すごいと思ったのは、自分が女優であることにこだわりがないことだった。

大楠さんと．

こんな女性が、この日本にいたことにぼくは驚愕した。彼女の美しさは、この性格と生き方の積み重ねがもたらした結果だと想像した。

以下は、ぼくが思春期だったときの恥ずかしい告白――。

高校生のときだったか。ぼくは、彼女とスクリーンで出会った。勝新太郎のヒットシリーズの『座頭市海を渡る』。この作品が彼女の本格的デビューだ。映画の冒頭、安田さんは、出合い頭に兄の仇の市を斬りつける。そして、市を介抱する彼女。映画は、ふたりの暮らしを延々と描く。ぼくはたちまち、彼女の虜になって、その後、彼女の出演する映画を観続ける。

それから、五十年余。まさか、彼女とトークショーをやる羽目になるとは。トークが終わって幕間に入った途端、彼女がささやいた。

「いずれまた、何処かで、必ず」

ぼくも同じせりふを言い返した。

（二〇一九年四月）

樹木希林さん

彼女には負ける予感があった。

樹木希林という女性は、好奇心の強い人だった。人間に興味のある人だった。『借りぐらしのアリエッティ』の収録の後、東京都東久留米市にあるというラーメン屋さんに誘われた。

人間に興味がある点では、ぼくにしても人後に落ちないが、彼女には負ける予感があった。ぼくはやんわりと断った。

二度目の出会いは、名古屋にある東海テレビの企画で、ぼくと希林さんの二人で戦後七十年を語るという番組だった。場所はスタジオジブリ。仕事なら大丈夫、少なくとも互角に戦える。そう考えて、ぼくはこの仕事を引き受けた。

『借りぐらしのアリエッティ』アフレコ時に米林宏昌監督，希林さんと．

収録後、ぼくは自分の車の助手席に希林さんを乗せて、ご自宅まで送った。希林さんは名うての車好き、ぼくは開き直って運転した。自宅には、車が三台ある。その三台を毎日動かす。それが日課だというエピソードが印象に残った。

三度目の出会いは、希林さんがナレーターを務め、評判を呼んだ映画『人生フルーツ』の特別番組だった。ぼくは応援コメントを頼まれ、それに応えるべく、東京・恵比寿にあるぼくの隠れ家「れんが屋」でスタッフを待った。すると、何の予告もなく、希林さんがいきなり部屋に入ってきた。

希林さんはこう言った。「鈴木さんがどんな場所で仕事をしているのか、興味があった」

ぶっつけ本番の収録。まるで事前の綿密な打ち合わせがあったかのごとく、収録はスムーズに進んだ。彼女がれんが屋を大層、気に入ってくれたことがうれしかった。

その希林さんが、二〇一八年九月十五日、帰らぬ人となった。葬儀に顔を出すかどうか悩みに悩んだあげく、結局、行きそびれた。

ぼくの手元に希林さんからもらった長文の手紙が残っている。達筆だった。内容もさることながら、その筆文字の美しさにぼくは圧倒された。それは、ぼくよりも数段うまかった。

恥ずかしながら、ぼくは神田明神で書の展示をやったが、希林さんこそ個展を開くにふさわしい。希林さんの個展なら、ぼくは、真っ先に会場に駆けつける。

（二〇一九年五月）

バロン吉元さん

それはぼくにとって青春の書だった。

二十代の後半だった。ぼくの〝青春の悶々〟を真正面から受け止めてくれたのは、バロン吉元さんの描いた「柔侠伝《じゅうきょうでん》シリーズ」だった。

このままでいいのか？

これからどうやって生きて行けばいいのか？

それは、迷える子羊だったぼくを導いてくれた『日本柔侠伝』までの全三十九巻の劇画だった。

時代は、明治、大正、昭和に跨《また》がる。主人公は、柳勘九郎、その息子勘太郎、孫勘一、曽孫勘平の四代にわたる大河ドラマ。いずれも天才柔道家でありながら、同時に

バロン吉元さん(中央)，お嬢様のエ☆ミリー吉元さんと．

お茶目な側面も備えた魅力満載の人物だった。生きる目的、友情と恋愛、戦争と平和、大衆運動、自然破壊などなど。テーマは、その時代時代の体制への反逆と自由だった。ぼくは繰り返し読んで、ずっと枕元に置いた。困ったら、これを読めばいい。そう考えていた。

それはぼくにとって青春の書だった。そして、ぼくはあるとき、青春と別れを告げる。読まなくなったのは、宮﨑駿と出会って映画『風の谷のナウシカ』の準備に入ったころのことだ。

それから四十年近くたって、バロンさんの娘さんからご連絡をいただいた。バロンさんの個展をやる。ついては「柔侠伝シリーズ」の魅力について話してほしい、と。

悩んだ。やるからには再読する必要がある。いま、読んだら、どう思うのか？　悩んだ結果、引き受けた。そして、最初の『柔侠伝』三巻を読んで、その場に臨んだ。当日、なんと、ぼくの近くにバロンさんがいた。帰り際、バロンさんがぼくに言ってくれた。

「大体、考えていることが同じだ」

ぼくは、訳も分からず、うれしかった。

その個展の後もぼくは、「柔侠伝シリーズ」を読み続けた。しかし、残念なことに、「日本柔侠伝」の最後の二巻が欠けている。バロンさんと再会したときにそのことを話すと、バロンさんが屈託のない笑顔で少し間を置いて、こう返事した。

「俺も持っていないのだよ〜」

バロンさん本人も「柔侠伝シリーズ」の主人公よろしく、チャーミングな人だった。

（二〇一九年六月）

青山功さん

「青ちゃん」は、ぼくのことを「敏さん」と呼ぶ。

ぼくの友人に詩人がいる。青山功。ぼくと同い年なので、満七十歳。仲間と作っている同人誌を本ができるごとに送ってくれる。想像するに、もう何十年と続く本だ。「青ちゃん」は、ぼくのことを「敏さん」と呼ぶ。彼以外にそう呼ぶ人はいない。出会った頃からそう呼んだ。敏ちゃん、敏坊などなど、これまでいろんな呼び方をされてきたが、これが一番、気に入っている。

新撰組の土方歳三は、古い仲間から「歳さん」と呼ばれていたが、ぼくは土方歳三が好きだった。恥ずかしいので誰にも言わなかったが、ひとことで言うとカッコイイ。しかし、いまになるとよく分かる。カッコいいのは、そう呼ぶ青ちゃんの方だった。

その青ちゃんが、ぼくの書く書のために一編の詩を書いてくれた。その一部を紹介する。

〈敏さんの「書」は
上手い　下手の基準は当てはまらない。
身につけてきた独特の固有の　形　並び
白い紙面に踊る姿は
ときには歌舞伎役者のように見得を切って
ときにはジブリ映画に登場する
たくさんのキャラクターのように元気で楽しい〉

娘さんが、神田明神で開催した書の展示を見てくれたらしい。そして、電話でぼくについて話し合ったらしい。ぼくは素直にうれしくなった。

青ちゃんとは、若き日、同じ編集部で子どものための雑誌を作っていた。ぼくらは、新橋で徳間書店という出版社に勤務していた。

仕事が終わると、ぼくらは仲間を誘って、毎晩のように夜の町に繰り出した。六本木、渋谷、新宿。そして、青ちゃんは、請われるがままに、当時、人気絶頂だったジ

青山さん(前列右から2番目)，筆者(同4番目)と編集部の仲間たち(1977年)．

ユリーこと沢田研二の歌を歌った。二年足らずの短い時間だったが、ぼくは、青春の一ページに青ちゃんを加えた。

時の過ぎゆくままに身を任せていたら、お互い、いつの間にか年を取った。マイク片手の二十代だった青ちゃんの熱唱は、いまも鮮明にぼくの目に焼き付いている。

しばらく会っていないが、青ちゃんはいまもカッコいいのだろうか。

(二〇一九年七月)

小泉進次郎さん

もっと話したくなった。そういう魅力を持っている政治家だ。

初夏。とある土曜日の午後、立川志の輔さんの独演会「中村仲蔵」を聞く。これは、ぼくの毎年の恒例行事になっている。今回で六度目か。

席に着くと、ぼくの一列前に小泉進次郎衆議院議員がいた。お目に掛かるのは二度目だった。彼が振り向きながらぼくに声を掛ける。

「中村仲蔵が大好きで、今日で四回目でしょうか」

本当に好きなのだろう。テレビのインタビューで見るよりも幸せそうな顔をしている。

軽く挨拶を交わしていると、お囃子《はやし》が。舞台に志の輔さんが登場。いつものように、忠臣蔵の解説が始まる。

休憩を挟んでいよいよ仲蔵だ。休憩時間を利用して喫煙。そして、噺の途中で眠くなるといけないので、売店でコーヒーを買おうとしたら、長蛇の列。すると、列に並ぶ進次郎さんと目が合った。

「コーヒーですか?」

「ぼくが一緒に買いますよ」

進次郎さんと(2015年7月).

雑踏の中、進次郎さんの声が通る。滑舌がいい。

よくよく見ると、お付きの人たちが三、四人、彼の後に続いている。

ぼくの分を含めて、彼らの飲み物も進次郎さんは素早く注文。お金も自分の財布から払う。やることが手際いい。いつもそうしているのだろう。お付きの人たちもそれぞれ飲み物を手にする。

そして、宮﨑駿の新作『君たちはどう生きるか』について質問された。完成するのはまだまだずっと先の話。現在、宮﨑は七十八歳、命との戦いだとぼくが言うと、彼が百歳を超える書家の話をし出した。テレビで観て、その話に感銘を受けたという。七十八歳というのは若い。それを言いたかったのだろう。

小泉進次郎、三十八歳。ほとんどすれ違いざまの立ち話だったが、もっと話したくなった。そういう魅力を持っている政治家だ。

ご縁があって、ぼくは彼のお母さんとも面識がある。席に戻ってそんなことに思いを巡らしていると、再び志の輔さんが登場、中村仲蔵が始まった。

（二〇一九年八月）

夏木マリさん

今度はワンマンショーで彼女の歌を

暑かった夏も、もうすぐ終わる。夏といえば、夏木マリさんだ。

『千と千尋の神隠し』で、湯婆婆の声を演じてもらって以来のお付き合いになる。早いもので、あれから二十年近くの歳月が流れた。

その間、直接、お目に掛かったのは二回限りか。それ以外は、電話とメッセージ。

夏木さんは、用事のあるときにだけ電話をしてくる。

「あ、鈴木さん?」

これがいつもの第一声。電話の相手に有無を言わせない摑みだ。続けてこうなる。

「○○でコンサート、そこで湯婆婆を……」

「鈴木敏夫とジブリ展」(神田明神)のトークショーにて(2019 年 4 月 19 日).

内容をよく確かめないうちに、ぼくはこう答える。

「はい、分かりました」

一年に一回くらい、時間にして三分足らずか。最後はいつも「じゃあ〜また」でどちらからともなく、電話を切る。その刹那、ぼくは、電話をかける夏木さんの姿を思い浮かべる。

こういう人間関係もある。ぼくは、いつも自分にそう言い聞かせる。

にしても、いまさらだが、ぼくの携帯の番号を彼女はいつどこで知ったのか。今年、神田明神のトークショーで顔を合わせた時に聞いてみたが、彼女は笑って答えてくれなかった。

「そんなことはどうでもいいことでしょう」

夏木さんの顔にそう書いてあった。

その直後、ぼくは彼女の企画するコンサートに出掛けた。彼女の歌を聴くのは初めてだった。驚いた。歌がうまい！　シンガーにこんな物言いは本当に失礼だが、そう思ったのだから仕方がない。

ＴＯＳＨＩ―ＬＯＷと一緒に歌ったのは、映画『アリー　スター誕生』で、主演のレディー・ガガとブラッドリー・クーパーが劇中でデュエットした「シャロウ」。彼女の歌は、レディー・ガガに勝るとも劣らない素晴らしさだった。

そして、神田明神のトークショーの時に聞いたデビュー当時のエピソードを思い出した。本当は、ジャズを歌いたかったのに歌謡曲を歌わされた、と。

もっと彼女の歌を聴きたかったが、彼女は自分が声を掛けたゲストに気を使い、出番は少なかった。今度はワンマンショーで彼女の歌を思う存分聴いてみたい。心からそう思った。


（二〇一九年九月）

宮﨑駿監督

背筋はいつだってピンと伸びている。

日本人の姿勢が悪くなった。背筋が丸くというか、曲がってしまい、首が前に突き出ている。つまり、首が背骨に乗っていない。こうなると、肋骨が開かない。胸を圧迫する。結果、吸った空気は、肺まで届きにくい。

これじゃあ、ちゃんとした呼吸はできない。みんな、軽いぜんそくに陥る。そして、マスクをかける人が多くなった。原因は、スマホとPCのせいに違いない。これらの機器を使いこなしていると、おのずと姿勢が猫背になる……。

最近、つらつらこんなことを考えた。己の姿を大きな鏡に映しながら。ぼくの事務所のエレベーターには、全身を映す鏡がある。何が言いたいかといえば、ぼくもその

宮﨑監督(右)と.

例外ではない。姿勢が悪い。

そんなある日、若い友人に指摘された。

「鈴木さんは、立ったままスマホを使うときは、姿勢がいいですね」

慌ててエレベーターに乗って、確かめた。確かに姿勢がいい。

彼が説明してくれた。スマホの位置が普通の人と違う。立ったまま、自分の目線の先にスマホを置く。だから、背中が曲がらない。さらにその友人は、こうも指摘した。

「鈴木さんは煙草を吸うときはいつも姿勢がいい。立っていようが座っていようが」

茫然。ぼくは、あんぐりと口を大きく開けて彼を見た。それはこういうことか。胸を開いて煙を肺まで送り込む。煙草をおいしく吸うために。

呆れた。己の意地の汚さに。そして、人間とは弱いものだと自分に言い聞かせた。

この話を宮﨑駿にすると、宮さんがいつになくニコニコして喜んだ。

宮さんは、スマホもＰＣも使わないし、使えない。昨日の朝も「死ぬまで使わない」と宣言した。従って、背筋はいつだってピンと伸びている。

彼の日課は、毎朝六時に起きて、二時間の散歩。晴れの日も雨の日も。その後、朝メシをちゃんと食べてからスタジオへ向かう。

七十八歳。老いてますます盛ん。毎日、同じ時間に出社して、新作『君たちはどう生きるか』の作品作りに励むことができるゆえんは、曲がっていない背筋にある。

（二〇一九年十一月）

干場弓子さん

名古屋の女は、本音でしかモノを言わない。

この九月に、久しぶりに宮﨑駿とともに結婚式に出た。結婚式というと、普段、着なれない黒いスーツを着て革靴を履かないといけない。むろん、ネクタイも締めて。これが結構、疲れる。足腰が痛くなる。大袈裟に言うと、無間地獄。スーツを着なれている人には、おそらく理解できない。

職場ではいつも、ポロシャツにジーパンにサンダル。働き始めてからというもの、ずっとこのスタイルでやってきた。

会場に入って、決められた席に着く。テーブルには知らない人ばかり。これもつらい。宴が始まらないうちから肩が凝る。脂汗さえ出る。こう見えてぼくは、結構、人

干場さん(中央)，宮﨑監督たちとともに．

見知りをする。ぼくの隣の席に座る宮さんも同じ気分だったに違いない。たぶん。

しかし、今回ばかりはいつもと違っていた。同じテーブルにいた干場《ほしば》弓子さんのスピーチが、度外れて素晴らしかった。最初のひとことで、列席者全員の気持ちをつかみ、緊張をほぐし、吹き飛ばしてくれた。

「うちの会社は、頭が良い人と顔が良い人と性格が良い人しか採らないんです」

宮さんなどはそのことで、思わず笑い転げてしまい、あげくは彼女にエールまで送った。そして、テーブルの全員が席に戻った彼女を大きな拍手で迎えた。

いろいろ聞くと、彼女の出身地は名古屋。名古屋の女は、本音でしかモノを言わない。ぼくのおふくろも死ぬまでそうだった。こうなると、話は盛り上がる。「高校は？」「住んでいた町は？」などなど。ぼくらは育った場所まで近かった。

千場さんは、ディスカヴァー・トゥエンティワンという出版社の社長さん。新婦の仕事は彼女の秘書。ぼくにしても、千場さんとは初対面だったが、実はジブリと一緒に「ジブリ美術館」の写真集を作る企画が進行中。カメラマンは、タイ人のカンヤダ。ぼくが書いた『南の国のカンヤダ』(小学館)の主人公のモデルだ。

ちなみに、宮さんとふたりそろって、この結婚式に参上したのには大きな理由があった。この新婦こそ、あの『千と千尋の神隠し』の千尋のモデルだった。

(二〇一九年十一月)

渡辺万由美さん

人間の魅力というモノは自分じゃ分からない。他人が発見するモノだ。

「やりたいことより、やれることを。それが仕事というモノだ」

最近観た映画『わたしは光をにぎっている』(中川龍太郎監督)の中で、お風呂屋さんの経営者役の光石研さんが口にしたせりふだ。

ふと渡辺万由美さんのことを思い出した。彼女は、やれることしかやらない。

彼女との出会いは、彼女のお父さまの名前を冠した渡辺晋賞をぼくが受賞したパーティーの席上だった。名刺を差し出す万由美さんを前に、お父さんが偉い人だと生きていくのは大変だなあと思った。

芸能事務所の社長には見えなかった。彼女は、オドオドして所在なげ。すべてがぎこちない。やりたくない仕事をやっているふうに、ぼくには見えた。

二度目の出会いは、『風の谷のナウシカ』の歌舞伎化の話をした時だった。万由美さんは尾上菊之助さんを伴って現れた。菊之助さんの「やりたい！」という熱意もさることながら、彼女の「やらせてください！」と、その細い身体の全身で訴える姿に目を奪われた。

他人のために働く。自分のためじゃない。それが万由美さんの〝持ち物〟だった。

渡辺さんと．

彼女なくして、『風の谷のナウシカ』の歌舞伎化は実現しなかった。

そして、万由美さんと菊之助さんの歌舞伎を観る会が始まった。月に一度、歌舞伎を観る。早いモノで、足かけ五年になる。

万由美さんはいつも変わらない。相手が誰でも。いかなる場所でも。彼女は正直で、勘がよくて、そして、運がいい。

彼女の事務所トップコートには、中村倫也、松坂桃李、菅田将暉など有望な若い人たちが集まってくると聞いた。

その昔、ジブリの初代社長だった徳間康快がこんなことを言っていた。

「人間的魅力、これさえあれば、人は生きていける」

しかし、人間の魅力というモノは自分じゃ分からない。他人が発見するモノだ。ぼくは、NHKの看板番組「プロフェッショナル　仕事の流儀」の旧知のチーフプロデューサーに万由美さんを紹介した。

彼女は自分のことを「人好きな、人見知り」と番組の中で、説明した。

（二〇一九年十二月）

手塚治虫さん

気が付くと、先生の目が真っ赤になって、涙が頬を伝った。

手塚治虫先生が、生前、ぼくの目の前で泣いた日がある。

先生に最初にお目に掛かったのは、徳間書店が創刊した青年向け劇画誌「コミック&コミック」のための原稿を依頼したときだ。ぼくは入社二年目の新米編集者で、単発ならという条件で漫画を描いてもらうことになった。

タイトルは「刑事コロンダ」。当時、人気のあった米国のテレビシリーズ「刑事コロンボ」のパロディーだった。

朝方、ようやく完成した原稿を持って会社へ戻ると、そこへ先生から電話があった。描き直したいという。押し問答が続く。結局、次号でもページを取って、続きを描く

仕事場で鉄腕アトムの人形を手にする手塚治虫さん（1963 年）．

ことで話は決着した。

その後、ぼくが月刊「アニメージュ」編集部に移っても、先生との付き合いは続いた。先生は気さくな一面があり、何か分からないことがあると、すぐに電話がかかってきた。

巷《ちまた》では『さらば宇宙戦艦ヤマト　愛の戦士たち』が大ヒットしていた。

「どういう内容なのか知りたい！」

これは電話じゃ終わらないと考えたぼくは、即、仕事場に駆け付けた。そして、求められるがままに、先生の質問にこう答えた。

全宇宙の危機を救うためにガミラス帝国と戦った地球の若き戦士たちの物語で、最後は自己犠牲、特攻です！　と。

すると、他社の漫画を描いていた先生のペンが止まった。いつもニコニコしている先生の表情が激変した。ぼくの目を見た。そして、少し間をおいて、落ち着きを取り戻した先生は静かな口調でこう語り始めた。

「それって浪花節ですよね。浪花節が日本を戦争に巻き込んだ。ぼくはそう思っている。しかし、いまの話を聞くと何も変わっていない。日本人は、そんなに浪花節が好きなんですか……」

気が付くと、先生の目が真っ赤になって、涙が頬を伝った。突然、言葉が激しくなった。

「だとしたら、戦後、ぼくのやってきたことは全部、無意味だったんですか！」

この日のことを、ぼくは忘れない。いまもありありと覚えている。先生の悔しそうな怒りの言葉と表情を。

今から四十年くらい前の話だ。

（二〇二〇年一月）

渡辺京二さん

続けられる限り、宮さんに寄り添おうと気持ちを新たにした。

見た目は老人だが、眼光が鋭く若い。質問に対しては、目を閉じてゆっくり考える。そして、おもむろに答える。

渡辺京二さん、八十九歳。著書『逝きし世の面影』(平凡社)で有名な人だ。元々、ぼくは渡辺さんの書いた本のファンだったが、お目に掛かってその意をますます強くした。

ぼくはまだ七十一歳だが、自分の生きている意味と生き方について、そのモデルとなる人が目の前にいた。

渡辺さんは、石牟礼道子さんの『苦海浄土』の編集者としてもつとに知られている。

映画のプロデューサーというのは編集者と似ている。だから、親近感を覚えた。作家に寄り添い作品を作る。そのことに理解が深い人だった。

ジブリの月刊誌「熱風」の取材の後、逆に渡辺さんに質問された。

「(宮崎駿さんと)何年、一緒にやっているのか?」

「……四十二年」

そう答えると、渡辺さんが天を仰いだ。そして、こう言った。

「男同士は長続きしない。その点、女は楽だ」

それは石牟礼道子さんのことだとすぐにわかった。こうも言った。

「ひとりになるとダメだ。張りがなくなる。足腰が強かったのに、最近じゃ五百メートルくらいしか歩けない」

石牟礼さんは二〇一八年に九十歳で亡くなった。ふたりの公私にわたる関係は半世紀以上続いた。話を聞きながら、ぼくは渡辺さんの弟子の気分に

渡辺京二さん

なった。そして、続けられる限り、宮さんに寄り添おうと気持ちを新たにした。

なんでも、『もののけ姫』のビデオを石牟礼さんとふたりで観た日があったそうだ。そのことがうれしかった。

渡辺さんの暮らす熊本まで日帰り。かなりきつい日程だったが、訪ねて本当によかった。心からそう思った。

あらかじめ、娘さんから言われていた。

「二時間は元気です」

その場を立ち去りがたかったが、話を無理矢理切り上げた。話が終わったあと、渡辺さんが煙草に火をつけた。

「一日に七本だ」

そう語る渡辺さんの表情がうれしそうだった。ぼくも喫煙者だが、本数を減らす努力をしよう！　生まれてはじめてそう決意した。


（二〇二〇年二月）

三浦雅士さん

同じ時代に、同じ小説を読んでいた。

三浦雅士さんには一度も会ったことが無い。

しかし、新刊が出るごとに著書を送っていただく。三浦さんの書かれた『青春の終焉』(講談社)について、以前、ぼくがそこかしこで語ったことがきっかけだ。以来、ぼくは三浦さんの本を読み続けている。

今回も新刊を送っていただいた。タイトルは「石坂洋次郎の逆襲」。三浦さんと石坂文学？　一瞬、ぼくには三浦さんと石坂洋次郎が結びつかなかった。

しかし、それ以上は考えなかった。そんなことよりも、石坂洋次郎の本を貪り読んでいた日々が目に浮かんだ。ぼくが中学高校のころのことだ。

『陽のあたる坂道』『あいつと私』『河のほとりで』などなど。ぼくは、石坂さんの書く東京が好きだった。
　舞台は田園調布、緑が丘。主人公は高級住宅街に暮らす中産階級の子弟で、大学生だった。その大学生を当時の大スター石原裕次郎が演じると、すぐに映画館に足を運んだ。スクリーンに映るまだ見ぬ東京を見るために。それは未来の理想の日本だった。
　東京へ行きたい！　ぼくがそう考えたのは石坂洋次郎のせいだった気がする。そして上京して最初に訪ねたのが、緑が丘にあった〝陽のあたる坂道〟だった。はじめてだったのに、何度も歩いた坂のような不思議な感覚に襲われた。
　三浦さんが石坂洋次郎を取り上げた理由は簡単なことだった。調べてみると、ふたりは同じ弘前のご出身で、高校も先輩後輩の間柄。郷土が生んだ作家に無関心ではいられなかったのに違いない。地方を舞台にした石坂作品には『青い山脈』『若い人』

などの名作がある。

三浦さんは現在七十三歳。ぼくより二歳上だ。同じ時代に、同じ小説を読んでいた。そう考えると、三浦さんにこれまで以上の親近感を覚えた。

直接、お目に掛かるチャンスが一度だけあった。『孤独の発明　または言語の政治学』（講談社）を三浦さんが書かれたとき、出版元の講談社からトークショーの依頼があった。仕事の都合がつかず、この企画は実現しなかったが、本の帯に短い推薦文を書いた。

三浦さんから丁寧なお礼のメールを貰った。ぼくも返事を出した。接触はこのメールだけ、一度きり。こういう人間関係もある。

三浦さん、これからも面白い本を書き続けて下さい。


（二〇二〇年三月）

田辺修さん

「いまはアニメで興味を持てる仕事が無い」

高畑勲とコンビを組んで『かぐや姫の物語』を作った田辺修という男がいる。映画が完成したのが二〇一三年の秋。その後、田辺は忽然《こつぜん》と姿を消した。

田辺は、『かぐや姫の物語』で絵コンテと作画を担当。その職人技には、あの宮崎駿も一目置く。

そんなある日、ローソンから田辺でCMを作ってほしいという依頼があった。その昔、田辺で作ったCMが大好評だった。

御指名があったので、八方手を尽くした。しかし、彼の居場所が見つからない。電話をしてもメールを出しても返事が無い。そこで、当時、そのCMを一緒に手掛けた

スタジオジブリが制作したローソンのテレビ CM の一場面(©2020 Studio Ghibli).

石井朋彦に連絡した。しばらくして返事があった。なんと、彼はローソンで働いていた。

「いまはその気になれない」

それが田辺の返事だったが、石井が頑張ってくれた。そこから、長い長い交渉が始まった。

「アニメをやめたわけじゃ無い。しかし、いまはアニメで興味を持てる仕事が無い」

田辺はそういう男だった。

それから、時を経て、石井の粘り強さに負けたのか、田辺がぼくに会ってもいいと言い出したらしい。

夜だった。部屋に入って来た彼を見て、ぼくは愕然とした。頑強な肉体になっていた。背筋が伸びて、見た目、生気にあふれていた。

「家族に背筋を伸ばせ、と言われて(笑)」

昨今の日本人は、背中が曲がっている。話は身体のことに終始した。ぼくは、目の前にいる彼と六年前の猫背だった田辺を比較していた。そして、彼のローソンでの話が興味深かった。現場で役に立つのは外国人スタッフだと教えられた。

件《くだん》のCMだが、石井が彼と何度も会って、田辺も関わってくれることになった。内容は田辺が考え、実際にアニメーションをやってくれたのは、田辺が指名した加藤久《く》仁生《にお》さん。二〇〇九年に『つみきのいえ』でアカデミー賞の短編アニメ賞を受賞した人だ。

二人が会うのは初めてのことだったが、この上なく相性が良かった。出来上がった作品もすばらしく、ぼくはローソンさんに対し面目躍如。テーマはコンビニで働く外国人だった。

現在、ジブリでは長編映画を二本製作中。そろそろ次の企画を練る時期がやって来た。このCM作りを通して、ぼくは夢見た。ジブリの次回作を田辺と加藤さんのコンビで！と。

（二〇二〇年四月）

池澤夏樹さん

普段、話すときも、書き言葉で話す。

話し言葉なのに、それが書き言葉になっている。さらに、句読点もある。それが池澤夏樹さんの話し方の大きな特徴だ。

過日、池澤さんを恵比寿にあるぼくの事務所れんが屋に招いて、通信アプリＬＩＮＥを使ったＬＩＶＥを催した。なにしろ、生放送、後で編集というわけにはいかない。

司会は旧知の日本テレビの依田謙一君、彼も池澤さんを前に、いささか緊張気味。ぼくはと言えば、依田君がすべてやってくれるので、気楽な立場だった。

依田君の質問に一拍置いて、丁寧に答える池澤さん。手持ち無沙汰だったぼくは、池澤さんの話に聞き惚れた。と同時に、その話し方に感心していた。話のすべてが論

LINE LIVEに出演した池澤さん(中央), 依田さんと.

旨明快なのだ。

池澤さんは、常々、こんな発言をしている。

「映像作品に自分が出演する時は、必ず準備をする。話すべき内容を文章に書いておく」

それが癖になってしまったのか、あるいは、元々そうだったのか。普段、話すときも、書き言葉で話す。

そういえば、亡くなった堀田善衞さんも加藤周一さんもそうだった。ジブリだと高畑勲さんがそうだった。ぼくなど、いつだって、出たとこ勝負! 何とかせねばと反省しつつ、気がついたら、七十歳を超えている。

ＬＩＶＥならではのトピックスは、ぼくが大好きだった池澤さんの芥川賞受賞作、『スティル・ライフ』の冒頭の文章を池澤さんがその場で朗読してくれたこと。池澤ファンにとっては聞き逃せない垂涎《すいぜん》の的になったにちがいない。

それはともかく、三年かけて「池澤夏樹　映像作品全集」シリーズ（スタジオジブリ発売、ポニーキャニオン販売）をようやく発売に漕ぎ着けた。ＮＨＫ編、ポレポレタイムス社編、ＴＢＳ編の全九作品のＤＶＤ化だ。

この全集の製作にあたっては、さまざまな人にお世話になった。古い作品は、著作権の問題もあって、ＤＶＤ化には大きな困難が伴う。

その苦労に報いるためもあり、池澤さんにわざわざＬＩＮＥ　ＬＩＶＥにお出まし願った。この全集を一枚でも多く売りたかったためだ。

本音を言えば、ぼくが池澤夏樹さんの出演した作品の大ファンで、それらを自分の手元に置きたかった。この場を借りて、協力してくれた人たちに感謝したい。

時には、自分の趣味を仕事にするのもいい。そうでなければ、やっていられない。

（二〇二〇年五月）

スティーブン・スピルバーグ監督

「トトロぴょんぴょん」の前で座り込んで動かない。

スピルバーグのことをふと思い出した。こんな時代に、彼が何を考えているのか？かれこれ十年以上前のことになる。スピルバーグのプロデューサー、キャスリーン・ケネディからメールをもらった。

「スティーブ（スピルバーグ）が家族とともに、今度、お忍びで日本へ行く。で、ジブリ美術館を訪ねたいと言っている。協力してくれるか？」

「協力も何も、大歓迎だ！」

ぼくはすぐにこう返事した。ジブリ美術館を体験して彼が何というのか、それがぼくの大きな関心事だった。一日たっぷりと時間を空けてくれたので、スケジュールを

「三鷹の森ジブリ美術館」でバックヤードの壁にサインするスピルバーグ監督.

大ざっぱにこう決めた。

午前中は、朝九時から美術館を見学、ランチはそのカフェで。そして、午後はスタジオへ。美術館の短編映画を彼の一家のために試写室で特別上映。その後、宮崎駿とアトリエで対面。

当日、お昼近くになって、美術館のスタッフから緊急の連絡が入った。予定が押している。スピルバーグが「トトロぴょんぴょん」の前で座り込んで動かない。〝ぴょんぴょん〟を気に入ったスピルバーグは、トトロの立体人形がどういう仕組みで動いて見えるのか、研究を始めたというのだ。時間はすでに三時間が経過していた。

「トトロぴょんぴょん」は美術館の中でも特別に人気のある展示で、しかも、館内に入るとすぐに登場する。ということは、スタジオへ顔を出すのは、いったいいつになるのか？

時間を大幅にオーバーして、彼とその一家がスタジオへやって来た。そして、短編映画を観終わると、スピルバーグはぼくに矢のように質問をしてきた。

宮さんがアトリエで待っていた。それが気がかりだったぼくは、質問は宮さんにしたらどうかと提案して、ようやく彼らをアトリエに誘《いざな》った。

スピルバーグは挨拶もそこそこに、宮さんを前にこう言った。

「子どものころから自分の作ったモノは、すべて捨てていない。ジブリ美術館で、それらの展示をやるのはどうか？」

宮さんは満面の笑みをたたえて首を縦に振った。ふたりは初対面だったがそこは監督同士、それぞれ相手の表情を見るだけで分かり合っている風だった。

コロナの後に、ふたりが何を作るのか？　歴史をひもとくとよくわかる。大きな疫病の後、世界の芸術家たちは美しい作品を作ってきた。

（二〇二〇年六月）

滝沢カレンさん

心に浮かんだことをそのまま口にする。

カレンちゃんには、一度だけ会って立ち話をしたことがある。今年の二月九日のこと。場所は、浅草ビューホテルの宴会場。神田松之丞さんの真打昇進、伯山襲名のお披露目パーティーの席だった。

この日、ぼくは祝辞をやることになっていて、何を話せばいいのやら、ホテルに到着しても定まらず困っていた。

と、同じテーブルへ、カレンちゃんが登場。松之丞あらため伯山さんとふたりでテレビ番組(「伯山カレンの反省だ‼」)をやっているので、当たり前と言えば当たり前。そうだ、彼女の話をすればいい！　ぼくはそう決めた。

パーティー会場にて，滝沢さんと．

知らなかったが、祝辞の一番バッターが彼女で、ぼくが二番目だった。彼女の第一声が素晴らしかった。

「この度はお集まりいただきまして、ありがとうございます」

伯山さんから「あなたのパーティーじゃない」とツッコまれても彼女はひるまなかった。

ぼくはといえば、もともと伯山さんの大のくファンだったが、番組を見て、カレンちゃんの方のファンになったみたいな話を延々とした。

ぼくの祝辞に耳を傾けていた伯山さんが、話の途中で、「もういいでしょう！」と止めに入ったことも覚えている。会場は大爆笑に包まれた。

祝辞の後、ぼくはカレンちゃんに挨拶をすべく近づくと、彼女が笑顔でぼくを迎えてくれた。彼女がジブリの大ファンであることも、そのとき知った。

もっと話したかったし、ＬＩＮＥの連絡先も交換したかったが、ぐっと我慢した。そして、ぼくが席に戻ろうとすると、彼女が握手を求めてきた。ぼくは、素直に嬉しかった。

彼女のいったい、何が魅力的なのか？　ひとことでいうとこうなる。心に浮かんだことをそのまま口にする。これ、なかなか出来る事じゃない。子どもならいざ知らず、大人でそれを出来る人は希少だ。

ぼくは、彼女に直接会って、ますますファンになった。

この五月に、その番組のスタッフから、カレンちゃんが誕生日なのでお祝いコメントを映像で欲しいと頼まれた。ぼくは二つ返事で了承、アイデアはすぐに浮かんだ。筆で手のひらに英語でコメントを書いた。Ｈａｐｐｙ Ｂｉｒｔｈｄａｙ！ Ｉ ｌｏｖｅ ｙｏｕ！

その手のひらをゆっくりと回すとその文字が見えるという趣向。テレビで彼女の喜ぶ顔を見て、ぼくも心から嬉しかった。

（二〇二〇年七月）

藤巻直哉さん

じつは、彼とぼくは毎晩、銭湯に行っている。

その昔、新聞雑誌で「あの人は今?」という人気の企画があった。一世を風靡《ふうび》したあの人は、いまどこで何をやっているのか？　そんなヒマネタ企画だ。

ジブリで言うと『崖の上のポニョ』の主題歌を大橋のぞみちゃんといっしょに歌った藤巻直哉さん。ＮＨＫの「紅白歌合戦」にも登場したので、記憶にある人もいるかもしれない。あの藤巻さんは、いま、どこで何をやっているのか。

じつは、彼とぼくは毎晩、銭湯に行っている。彼とは自宅も近い。連絡を取り合っているうちに、ぼくが銭湯通いを勧めた。

「疲れが取れるよ」

藤巻さんもこの夏で六十八歳。もう若くない。おまけに諸般の事情で彼はひとり暮らし。いくら寝ても疲れが取れないと言うので、ふたりで銭湯に行くとその晩、藤巻さんはなんと十一時間の睡眠を取った。

「こんなこと、いつ以来か？」

藤巻さんが感動して、その夜をきっかけにふたりで毎晩のように通うようになった。秘密は、その銭湯の炭酸泉。このお湯に三十分つかると、うそのように深い眠りにつく。「三十分入るべき」と主張したのは藤巻さんだ。何度も通っているうちに分かって来た。短いと効果が薄い。

湯船につかると、たわいの無いよもやま話。その多くが藤巻さんの老後についてのどうでもいい話。娘さんの話題も出る。藤巻さんは、もうすぐおじいちゃんになるらしい。

お湯が熱くなる。ぼくが聞く。

「何分たちました？」

「せっかちだなあ。まだ十五分ですよ」

三十分は想像以上に長い。

知り合いの整体師に聞いてみた。「それは血行が良くなるからだ」と教えてくれた。なるほど。深く眠れる根拠も分かった。

その銭湯が歩くにはちょっと遠いので、ぼくが毎晩、車で送り迎えする。藤巻さんの自宅前に九時五十七分。その銭湯の近くにある駐車場が、夜十時を回ると一時間百円になる。少しでも早く駐めると三百円になる。だから、いつもギリギリに行く。

ちなみに、駐車代は藤巻さんが払う。

ところで、彼の生業が気になる人もいると思う。

彼は、会社とフェロー契約を結び、まだ大手広告代理店に勤務している。そして、聞き及ぶところによれば、音楽活動も地味にそこそこ、続けているようだ。

（二〇二〇年八月）

半藤一利さん

編集者には独特の匂いと臭みがある。

宮崎駿のそばにいると、いろんな人に出会う。時には、ぼくがひそかにファンだった人に会えることもある。そのひとりが半藤一利さんだった。

半藤さんの書かれた『昭和史』で、ぼくは、〝日本の近代〟を学んだ。

そんなある日、NHKの「SWITCHインタビュー　達人達」で半藤さんと宮崎駿が対談することになった。『風立ちぬ』の公開直後、夏の暑い日だった。場所は宮さんのアトリエ、通称〝豚屋〟。

ふたりの話は、零戦の設計者堀越二郎をきっかけにつきることが無く長時間続いた。世界の宮崎駿が書生となって、敬愛する半藤一利と語り下ろしたその内容は、『腰ぬ

宮﨑監督と議論に熱中する半藤さん．

け愛国談義』というタイトルで文春ジブリ文庫の一冊になっている。

当日、ぼくはといえば、部屋のすみっこでふたりの話に耳を傾けていた。話が一段落し、半藤さんが帰るときになり、ぼくは半藤さんの前に進み出て名刺を差し出した。半藤さんの歩みが止まった。その目がぼくの名刺にくぎ付けになった。半藤さんが頭をゆっくりと上げて、ニコリとほほ笑んでぼくにこう話しかけた。

「……あ、あんたが鈴木さんか」

初対面だったのに、親しみを込めた言い方だった。想像するに、ぼくの経歴を知っている風だった。

ぼくにしても、元を正せば編集者。半藤さんも月刊「文藝春秋」の編集長だった方だ。編集者には独特の匂いと臭みがある。そのことを嗅ぎ取られたに違いない。

その後、二度三度と半藤さんにお目に掛かった。二年くらい前のことか。半藤さんから電話をもらった。あいにく、ぼくは不在にしていたが、短い伝言があった。

ジブリでは、毎月、小冊子「熱風」を発行している。その最新号でのぼくの発言に対して、「考えがぼくと同じだ」というものだった。ぼくの発言はこうだった。

「日本、中国、朝鮮をはじめとする東アジアは、将来、ひとつになるんじゃないか。たぶん、三十年後くらいに」

能天気な考えだと言われるのは覚悟の上だった。なにしろ、根拠の無い話だった。しかし、それが半藤さんと同じ考えだと言われて、無性に嬉しかった。

半藤さんは、この五月に九十歳になられた。しかし、精力的に本を刊行し、間を置くこと無く本を送っていただく。日本は、これからどうするべきか。その発言はとどまるところを知らない。

（二〇二〇年九月）

上野千鶴子さん

「ジブリに女性はいないのか?」

同い年というのは不思議なモノだ。それだけで親近感を覚える。

上野千鶴子さんはぼくと同じ年齢だ。誕生日も一カ月しか違わない。われら団塊の世代。同じ時代に同じ空気を吸っていた。学生運動華やかなりし時代だった。

初めてお目に掛かった日のこともよく覚えている。ぼくが「アエラ」で、特別編集長をやった時だ。編集部の要望で、ぼくは彼女と対談することになった。

ぼくが彼女について知っていたのは、ジェンダーの研究者ということと、喧嘩が上手で論争好きということだけ。正直に言えば、不安だった。

場所は、ぼくの隠れ家通称〝れんが屋〟。そこへ彼女が遅れて到着した。上野さんは、想像よりも小柄な女性だった。しかし、その声は地響きを立てるくらい、ぼくには大きく聞こえた。

「送ってもらった地図が間違っていた。だから、遅刻した」

上野さんとの対談風景(2014 年 7 月).
(写真＝朝日新聞出版写真映像部)

彼女は本当に怒っていた。うわさ通り、負けず嫌いの人だった。しかし、ぼくは上野さんに好感を持った。思ったことを加減しないでずけずけ口に出す。ぼくはそういう女性が好きだった。

対談のために、礼儀として彼女の著作を何冊か読んだ。『おひとりさまの老後』(文春文庫)が印象に残った。それは上野さんが自分のために書いた本だった。自分が勉強し考えた老後の生き方についての。だから、説得力があった。

対談が始まった。上野さんが詳細なメモを

取り出した。この日のために用意したものだろう。準備万端。ぼくはといえば、無手勝流でその場に臨んだ。そして、彼女が仕掛けて来た。

「鈴木さんの著書には男しか登場しない。ジブリに女性はいないのか?」

彼女はにこりともしない。さて、困った。その質問にぼくは、苦し紛れにこう答えた。

「ぼくはつい本音が出てしまうので、女性を語るのはさしさわりがある……」

上野さんが怖い顔でぼくをにらんだ。ぼくがにらみ返すと、彼女の表情が和らぎ、話題を変えてくれた。

対談は、予定の時間を大幅に超えて二時間になった。話は盛り上がった。その終わり際に、上野さんに頼まれた。

「今日の話を私の対談集に入れたい」

断れない。ぼくは、即、承諾した。

その後も上野さんとのお付き合いが続いている。そして、ぼくはジブリ美術館の三代目館長に女性を指名した。上野さんとの対談の、あの質問が、ぼくをしてそうさせた。


(二〇二〇年十月)

西川善文さん

小さい案件でも、これは大事だと思ったら、自ら動く。

あるパーティーの席上で、ドンと背中を押された。振り向くと、「ラストバンカー」と称された西川善文さんがいた。

「久しぶりだねえ。鈴木さん！」

時期は二〇一〇年の春、西川さんが日本郵政の社長を辞任された半年くらい後のことだ。肩の荷を全て下ろされたのだろう。西川さんはグラスを片手に満面の笑みだった。立ち話だったが、しばし、徳間書店の徳間康快元社長を話題に、昔話に花が咲いた。

ぼくが初めて西川さんにお目に掛かったのは、一九九七年六月のこと。ぼくは、当時、徳間書店の役員としてスタジオジブリだけでなく、書店本体の経営も見る立場にあった。作品で言うと、ちょうど『もののけ姫』が完成間近という頃だ。

頭取に就任された西川さんにご挨拶するために、当時の徳間社長とふたりで住友銀行（現・三井住友銀行）を訪ねた。住友銀行は、徳間書店、スタジオジブリをはじめとするグループのメインバンクだった。

短い懇談だったが、社長の指示で、ぼくは携帯の電話番号を西川さんに伝えることになった。

「分からないことがあったら、鈴木に何でも聞いてください」

徳間社長はニコニコしながら、西川さんにそう言った。

すると、翌朝、早速、電話があった。驚いた。頭取と言えば、多忙に決まっている。

どうせ電話はかかってこないと高をくくっていたのが間違いだった。その後、一カ月くらいの間に、何度も電話をもらった。

その内容は、徳間グループが抱える不良債権についての相談だった。とはいえ、一出版社とそのグループが抱える問題だ。大勢に影響は無いとぼくは思っていたが、その問題について頭取が自ら動く。ぼくは、そのことにびっくりした。

頭取にご挨拶をしたその日から、ぼくはグループの銀行窓口という仕事をやることになった。

その後も数回、西川さんにお目に掛かったが、冒頭に記したパーティーがぼくには最後になった。

小さい案件でも、これは大事だと思ったら、自ら動く。ぼくにしても、いまだそう心掛けているが、それは西川さんとの電話のやりとりが大きい。

二〇二〇年九月十一日、西川さんは帰らぬ人となった。合掌。あのパーティーでの西川さんの笑顔が目に焼き付いている。

（二〇二〇年十一月）

荒木経惟さん

「これが鈴木さんの本当の顔だ」

ジブリのスタジオの三階に、「ＰＤ室」という部屋がある。そこに、ぼくの仕事を手分けして手伝ってくれるスタッフがいる。宮﨑駿も油を売るために、この部屋によく顔を出す。

その部屋の特徴は、壁一面にさまざまな写真が貼られていること。宮さんやぼくの、あるいはふたりの写真が多い。

その壁に、ある日、〝アラーキー〟こと荒木経惟《のぶよし》さんが撮ってくれたぼくの写真が貼られた。いつものように三階にやって来た宮さんが、その写真を食い入るように見たあと、こんな感想を漏らしたらしい。

「これが鈴木さんの本当の顔だ」

そして、フォトジェニックでにこやかな表情のぼくの写真を指さしながら、うれしそうに「これらはウソの顔」と言ったらしい。その話を聞いて、ぼくはその日のことを思い出した。

荒木さんのスタジオへ到着すると、早速、カメラの前に。荒木さんがカメラを構える。そして、無言でぼくに近づく。これ以上近づいたら、カメラの焦点が合わない。そう思った刹那、荒木さんがシャッターを連写。ぼくはいつもの表情を作るいとま無く、撮影された。

あとで送られて来た写真を見て驚いた。ぼくにしても、見たことのないぼくだ

荒木さんと．

った。

若き日、ぼくはアラーキーの写真のファンだった。「写真時代」という雑誌を毎号、アラーキーの新しい写真を見るために買っていた。荒木さんの恩師は、ぼくの大好きな写真家桑原甲子雄《きねお》だった。

この冬、『ALL ABOUT TOSHIO SUZUKI』という本が刊行される。ぼくの仕事人生をまるごとまとめたオールカラー二八八ページの本だ。ジブリの永塚あき子が寝食を忘れ一年かけて作ってくれた。

展示の図録だったので、そういう本が作られるのも仕事のうちと思っていたら、コロナウイルスのせいで展示が延びて、一般書籍として売ることになった。

さて、その表紙をどうするのか。相談されて、すぐに荒木さんの写真を思いついた。ぼくは開き直った。この本にはこれしかない。

この写真について宮さんは、こうも言ったらしい。

「俺の前の鈴木さんは、いつもこんな顔をしている」

（二〇二〇年十二月）

あいみょんさん

私のどこがダメですか？

あいみょんという不思議な名前の女性について、ぼくは何も知らなかった。その彼女から、ぼくのラジオ番組「ジブリ汗まみれ」に出演したいとオファーがあった。

何でも大のジブリ好きらしい。断る理由もないので、やることに決めた。歌手だと聞いたので、とりあえず、「MTV」の番組表を見る。あった、あった。あいみょんのPV特集。早速、予約録画。そして、再生。最初の歌が「○○ちゃん」だった。

ぼくはいきなり彼女の魅力に引き込まれた。彼女の書いた歌詞を追うと、まるで七○年代のフォークソングだった。その物悲しさがいい。懐かしくもあり、現代でもあ

「れんが屋」にて，あいみょんさんと（2020 年 12 月 4 日）．

る。時代はひと巡りしたのか。

そして、運命のフレーズに出会う。私のどこがダメですか？　ガーンと来た。これぞ、いまの時代の気分。彼女の人気に納得した。そして、思った。宮﨑吾朗が手掛けた『アーヤと魔女』のキャッチコピーとしてこの言葉を使いたい。

そう思うと、いても立ってもいられない。あいみょんに早く会いたい。そして、収録の日がやって来た。

ぼくは、このコピーを入れた仮の大判ポスターを用意して、彼女を待ち受けた。収録の場所、れんが屋に彼女が到着すると、いきなりこのポスターを見せた。彼女は目を大きく見開いて驚きを表した。そして、言葉にならなない言葉を発した。

「これ、私の○○ちゃんと……」

ぼくは、ニコニコしながら「そうだよ」と答えた。あいみょんがぼくをじっと見る。

ぼくは彼女に一目惚れ、あいみょんのことを心から可愛いと思った。

あらかじめ、彼女に問い合わせていた。

『『アーヤと魔女』、観ますか?』

すぐに返事があった。観たい。ポスターを見せた後、試写。こうして、収録は作品の感想から始まった。

収録後、ラジオの宣伝のために短いムービーを撮る。「また、来てね」。すると、彼女が出身地の関西の言葉で返してきた。

「場所、記憶したんで、来ます!」

その夜、ぼくは夢を見た。

『かぐや姫の物語』が好きだと語ったあいみょん扮する姫が月からやって来た夢を。

(二〇二一年一月)

高倉健さん

やることなすことすべてが様になる――。

カッコイイとはこういうことか。健さんの名台詞を間近で聴いた日がある。あの高倉健さんだ。

「お嬢ちゃん、気を落とさないで」

低い静かな声と、ゆったりした口調だった。そして、健さんは彼女の肩に大きな手を置いた。

それは、ジブリの社長だった徳間康快が亡くなって数日後のこと。その台詞は、健さんから遺族へのねぎらいの言葉だった。

ぼくは、社長のご自宅で弔問客の世話係をしていた。健さんが弔問を済ませると、その玄関口で、社長の奥さんと娘さん、ぼくの三人でお相手をした。

「ありがとうございました」

ぼくがそう言うと健さんは、深々とぼくらにお辞儀をして、帰って行った。

健さんの姿が見えなくなると、ぼくは大きく深呼吸した。滞在はものの数分だったが、ぼくは緊張していた。

にしても、どうするとこんな風に振る舞えるのか。健さんはひとりきりで現れて、そして、帰って行った。映画に登場する健さんを裏切らない人だった。やることなすことすべてが様になる——。

そのすべてがシンプルなことで、強い印象を残す人だった。ぼくは、感心することしきり。小さな感動を覚えた。

それから数カ月後。ぼくは

藤本賞授賞式にて，高倉さんと（2002 年 5 月）．

健さんに再会した。

映画製作者を表彰する唯一の賞、藤本賞というのがあるが、この年、ぼくが『千と千尋の神隠し』で関係者を代表して藤本賞を受賞することになっていた。そこで、なんと健さんが役者としてじゃなく、映画『ホテル』の製作者として特別賞を受賞するというのだ。

ぼくは、賞の喜びもさることながら、受賞者の記念写真が楽しみになった。健さんと一緒に写真を撮る。むろん、他の受賞者もいるのだけど。

健さんは、ぼくら団塊の世代のヒーローだった。うれしかった。こういうとき、理屈も何もいらない。

当日、ぼくはパーティーの中、健さんを探して、ご挨拶した。あらためて自己紹介し、弔問の御礼をした。すると、健さんがこう返してきた。

「社長には世話になりました」

ニコッと笑った健さんの笑顔がまぶしかった。


（二〇一一年二月）

丹波哲郎さん

「やいやいやい、死にてえ奴は前に出ろ！」

子どもの頃、丹波哲郎扮するテレビシリーズ「丹下左膳」の大ファンだった。刀の下緒《さげお》を口に咥《くわ》え、左手で刀を抜く。左膳は、右眼と右腕を失った、隻眼隻腕のヒーローだった。

そのかっこよさに憧れたぼくは手製の鞘付きの刀を作った。いまは手元に無いのが残念だが、かなり精巧なシロモノだった。周辺にいた大人たちが「上手だ」と褒めてくれたことが嬉しかった思い出だ。

そして、下緒を口に咥えて、丹波さんの殺陣の真似をした。さらに、オープニングで丹波さんが話すお馴染みの名台詞も覚えた。

「やいやいやい、死にてえ奴は前に出ろ！」

これを小学校の行き帰りに繰返していると、自然と、あの丹波さん独特の喋り方に近づいた。

しかし、ぼくがこんな事をしていることは、クラスの誰にも打ち明けなかった。今回、調べてみる

と、放送は一九五八年、ぼくは、たぶん、小学四年生だった。

幼い頃の体験というのは恐ろしい。丹下左膳で丹波さんに魅了されたぼくは、その後もずっと彼のファンだった。丹波さんがどんな役を演じようが、好きだった。

初めて間近で丹波さんを見かけたのは、大泉にある東映の撮影所近くにあった定食屋だ。

一九八〇年頃のことだ。ランチをしていると、ドヤドヤ人が入って来た。そして、聴き覚えのあるあの声と喋り方が聞こえた。

「親父、味噌汁は無いか」

思わずぼくはそっちを見た。撮影の途中か、他のスタッフとともに丹波さんは浪人姿で店に入って来た。〝親父〟とのやりとりを聞きながら、その人柄も伝わって来た。丹波さんは、誰とでも分け隔てなく接することが出来る人だった。

ジブリでは、『猫の恩返し』でお世話になった。丹波さんの希望で、ぼくはスタジオをご案内した。ファンだったことはおくびにも出さずに。一巡りしたところでの丹波さんの第一声が忘れられない。大きな明るい声だった。

「ここはいいところだなあ。毎日、来たい」

ちなみに、ぼくは、いまも丹波哲郎さんの物真似が出来る。

（二〇一一年三月）

森繁久彌さん

そう思った刹那に、徳間康快の大きな声が控え室に響き渡った。

徳間康快と森繁久彌。このふたりに付き合いがある事など、ぼくを含めて誰も知らなかった。

この日は、映画『もののけ姫』の完成披露記者会見。場所は有楽町マリオンの日劇。一九九七年の六月二十五日のことだ。徳間書店の徳間社長は製作者の代表として、森繁さんは声の出演者として、壇上に居並ぶ予定だった。

徳間社長はいつもより早めに控え室にやって来て、入口付近で関係者を迎えていた。宮﨑駿もいつになく緊張の面持ちだった。

そして、ぼくはといえば、壇上に並ぶ人が来てくれていることを確かめると、日劇

映画『もののけ姫』の完成披露記者会見に出席する森繁さん(前列右)，宮崎監督たち．

の地下にある駐車場へ向かった。森繁久彌さんをお迎えするためだ。

森繁さんは、ふたりの妙齢な女性を伴い、車から降りた。そして、エレベーターへご案内する。エレベーターの扉が閉じると、突如、森繁さんがふたりの女性の真ん中に割って入った。何をするのかと思ったら、ふたりの肩に自分の両腕を置く。

そして、元気そうに見えた森繁さんは一転、眉間に皺をよせ、辛そうな表情を見せた。エレベーターが停止して、扉が開く。森繁さんは足を引きずりながら歩き始めた。

扉の前にはマスコミが陣取っていて、

矢継ぎ早に森繁さんに質問を浴びせ掛ける。それを無視して、森繁さんは控え室へ入る。扉が閉まると同時に、ふたりの女性が彼から離れた。

森繁さんは、しっかとした歩調で歩き、徳間社長の横を静かに通り過ぎる。社長も気にしていない。そう思った刹那に、徳間康快の大きな声が控え室に響き渡った。

「森繁、あの時貸した俺の金、五十万円を返せ‼」

歓談中だった全ての人がお喋りを中断してふたりを見た。社長の顔を見ると、薄笑いを浮かべている。森繁さんの足も止まった。そして、ゆっくりと踵《きびす》を返すと、こちらも徳間康快に負けない大きな声でこう言った。

「お前に、金など借りたおぼえは一度もねえぞ！」

いったい、何が起きたのか？　しかし、ふたりはその後、何も無かったかのように、それ以上、言葉を発することもなく、静かに、記者会見の開始を待った。

（二〇二一年四月）

村山新治監督

モノクロの映画に降る雪は、本当に冷たかった。

映画監督村山新治さんの訃報を朝日新聞で見つけた。九十八歳、大往生だ。ぼくは、村山さんの隠れたファンだった。

ぼくが村山さんを知ったきっかけは、村山さんが監督した、佐久間良子、水木襄《じょう》主演の『故郷は緑なりき』という純愛映画だった。

ぼくは中学一年生。学校から帰ると、百円札を握りしめて、自転車に乗った。そして、自宅から十五分くらいの場所にあった志賀東映を目指した。その映画館で、ぼくはこの映画を観た。

原作は富島健夫の『雪の記憶』。モノクロの映画に降る雪は、本当に冷たかった。

暗い映画館の中で、映画のラストですすり泣いたことも記憶にある。

映画好きだった両親の影響なのだろう。小学三年生になると、ぼくはひとりで映画館へ行くようになっていた。

いろんな映画を観た。しかし、この『故郷は緑なりき』だけは、他の作品と違っていた。人を好きになる。それはどういうことなのか？　村山新治という人

は、ぼくにとって特別の人になった。
その後、ぼくは村山さんを間近で見る。ぼくは二十八歳になっていた。場所は、大泉にある東映の撮影所だった。
村山さんは、子ども向けの特撮ヒーロー作品、テレビシリーズ「宇宙鉄人キョーダイン」の各話演出のひとりとして現場を仕切っていた。ぼくはショックを受けた。怒りさえ湧いた。いったい、何故？　あの名作『故郷は緑なりき』の監督がやる仕事じ

ゃない……。

このシリーズが放映されたのが一九七六年。ぼくは徳間書店で、子ども向けテレビ雑誌の記者で、「宇宙鉄人キョーダイン」の担当だった。

そんな思い出も、今となっては面映《おもは》ゆい。若さゆえの青さだった。

三年前に、『村山新治、上野発五時三五分』(新宿書房)を刊行した甥の村山恒夫さんは、朝日新聞によれば「まさにたたき上げの職人監督だった」と証言する。

村山さんは、刑事ドラマから戦争映画、純愛ものからヤクザ映画まで、どんな題材もこなす映画監督だった。

大人になったぼくは、CSの東映チャンネルで、村山さんの名前を見つけると、その〝技〟を楽しんでいる。

(二〇二一年五月)

山田洋次監督

「切り口は?」山田さんの表情がそれまでとは一変した。

山田洋次さんが、ぼくに会いたがっていると聞いた。断るわけにはいかない。一昨年、ぼくの展示を神田明神でやった時、山田さんは初日に、しかも一番乗りで駆けつけてくれた。ぼくは、その事に恩義を感じていた。

何処へでも出向くと返事をしたら、山田さんがぼくの事務所のある恵比寿まで来てくれるという。驚いた。御年八十九歳。お元気と言っても、限度がある。ましてや失礼があってはいけない。

八十九歳で撮った新作のことは聞いていた。その映画を観て感想を言う。礼儀のひとつはそれかと考えた。ぼくは、早速、その映画『キネマの神様』を観た。そして当

山田監督と(2021年4月).

日、山田さんを前に、ぼくは前置きなしに映画の感想を話した。

「スマートフォンとインターネットが何も無かった時代、人は今よりもずっと他人と濃密に繋がっていた。そういう映画でした」

山田さんはニコニコ笑いながら、ぼくの話をじっと聞いていた。そして、ぼくは一冊の本を山田さんに手渡した。月刊誌「熱風」で連載した落合博満さんの『戦士の食卓』(岩波書店)が出版されたばかりだった。

「この本、映画になりませんか?」

山田さんの目がぼくを見る。そして、本を手に取って質問された。

「切り口は?」

山田さんの表情がそれまでとは一変した。怖い顔になった。そのとき、確信した。この人は、九十歳を超えても映画を作ると。それだけじゃない。山田さんは、記憶力の衰えが無いし、むろん、呆《ぼ》けもない。

ぼくは口にチャックをした。ここで話をしたら、巻き込まれる。ぼくは現在、宮崎駿監督の映画を一本抱えている。『君たちはどう生きるか』だ。それを裏切る訳にはいかない。

とはいえ、ぼくの妄想は膨らむ。この企画は、三冠王を育てた落合さんの奥様が主役に決まっている。だとしたら、その配役は誰か？　話したくて仕様がなかったが、ぼくはじっと我慢した——。

二時間あまり話した後、その体力にもぼくは感心することしきりだったが、山田さんは帰って行った。しかし、ぼくを訪ねた理由はいったい何だったのか？　それはいまだに謎のままだ。


（二〇二一年六月）

亀山修さん

「敏ちゃんも一緒に行って欲しい」

人と人は、何がきっかけで友だちになるのか？　亀山修の場合は、こうだった。

当時のぼくは週刊「アサヒ芸能」の記者で、あるとき、四十五歳という若さで、香港で客死した稀代の流行作家梶山季之《としゆき》の追悼記事を書くことになった。早速、葬儀に駆けつけると、その受付にいたのが〝亀ちゃん〟こと亀山修だった。

亀ちゃんは梶山季之の最後の弟子で、梶山の主宰する月刊「噂」の編集部員のひとりだった。縁というのは恐ろしい。その一年後くらいか。ぼくが子ども向けのキャラクター雑誌「テレビランド」に異動すると、なんとその編集部に亀ちゃんがいた。

梶山と親交のあった徳間書店が彼を引き取り、面倒を見ていた。当時の出版界には、

「アニメージュ」編集部時代(1979年)の亀山さん(右)と筆者(中央).

そういう文化があった。年齢が近かったことも手伝ってか、ぼくらは急接近した。

月刊「アニメージュ」の創刊からジブリの立ち上げまで、ぼくらは二人三脚で寝食を共にする。なかでも、宮﨑駿との出会いは思い出深い。

『ルパン三世　カリオストロの城』の紹介ページを亀ちゃんに担当して貰ったのだが、取材から戻った彼の表情が暗かった。宮﨑駿が取材に応じてくれないと弱音を吐いた。そして、「敏ちゃんも一緒に行って欲しい」と言い出した。

亀ちゃんは無頼を気取っていたが、根は世間知らずのお人好しのおぼっちゃまだった。この誘いが無かったらと考えると空恐ろしい。

ふたりで高円寺に向かった。顔をつき合わせるなり、宮さんは辛辣《しんらつ》なことを言った。

「子ども相手の金儲け雑誌の片棒は担ぎたくない」

その一言にカチンと来たが、心を抑えた。そして、説得に当たり、なんとか取材に漕ぎ着けた。それがぼくと宮さんの初めての出会いだった。

「アニメージュ」では、亀ちゃんに漫画版『風の谷のナウシカ』を担当して貰った。そして、ジブリが好調なスタートを切ったとき、ぼくらは別の道を選ぶ。亀ちゃんは、本来の目標である小説家を目指した——。

その亀ちゃんが、この五月に亡くなった。享年七十三歳。合掌。訃報を聞いて、すぐに思い出したのが、あの誘いの言葉だった。

（二〇二一年七月）

立花隆さん

まさにノンフィクションの王道に基づく取材と原稿だった。

月刊「文藝春秋」の一九七一年七月号の表紙とある記事が手元にある。記事のタイトルは「漫画家・ジョージ秋山の失踪」。前文にこうある。児童漫画界の寵児が突然引退を宣言し、姿をかくした。その謎を人生遍歴を追いながら究明する――。

大学生だったぼくは、ジョージさんの大がつくファンだったので、この雑誌を買い、そして、表紙とこの記事を切り抜いて保存したのだろう。ちなみに、この記事を書いたのはあの立花隆さんだった。

後にぼくはジョージさんと出会う。ぼくが勤めた徳間書店が発行する劇画誌で、ぼくは志願してジョージさんの担当になった。親しくなったころを見計らって、この記事のことを持ち出すと、ジョージさんが突然、不機嫌になって怒り出した。

「……俺への取材は何も無かった」

ジョージさんの身体がガタガタ震えていた。その怒りがぼくに伝染したのか、ぼくは話を続けることが出来なくなった。そして、立花隆という名前がぼくに刻まれた。

その後、ご縁があって、ぼくは立花さんと出会い、仕事も一緒にしたし、お世話にもなる。『耳をすませば』で声優として、文春ジブリ文庫では『風の谷のナウシカ』のナビゲーターとして。中でも、ぼくのラジオ番組「ジブリ汗まみれ」への出演は印象深い。

しかし、心の底でいつか、この話を本人に確かめたい、そう思っていた。それを確認するいとま無く、立花さんもこの初夏に亡くなってしまった。
立花さんへの追悼の気持ちも働いたのか。今回、五十年ぶりに記事を読み返してみた。

立花隆さん

立花さんは周辺取材だけで、この記事を書いていた。しかし、半端な取材じゃなかった。この記事を書くのに、立花さんが直接会って話を聞いた人の数は想像に難くない。

取材によって得た事実をひとつずつ丁寧に積み上げて、対象に迫る。まさにノンフィクションの王道に基づく取材と原稿だった。

ジョージさんが怒った理由も、今なら良く分かる。その記事には等身大の人間・ジョージ秋山がいた。

人物ルポは周辺取材に限る。昔、尊敬する先輩に教えられたことを思い出した。

（二〇二一年八月）

内村航平さん

人には誰しも忘れることの出来ない記憶の二つや三つはある。

祭りのあとでふと内村航平のことを思い出した。七月二十四日、東京五輪体操男子予選で種目別の鉄棒に臨んだ三十二歳の内村航平は、まさかの敗退を喫した。バーの持ち替えに失敗したのだ。テレビを見ながら、ぼくは茫然自失。悪夢であって欲しいと願った。

ぼくにしても、中学高校時代は体操部に属し、毎日のように練習に明け暮れた。だから、五輪というと、まず体操に注目する。とはいえ、ぼくの記憶では、県大会の団体徒手で勝利の味を一度も味わっていないので、比較するのは恥ずかしい。第一、ぼくはただでさえ弱いチームの中にあって、人数の不足を補う補欠に過ぎなかった。

内村さんと(2018年2月).

そんなぼくが、内村航平と一緒に子どもたちの前で体操教室を体験したことがあった。三年前の二月のことだ、その日、彼はぼくにとっておきの話をしてくれた。

「小一のとき、初めて試合に出て、三回目くらいのときに、床運動で技の構成を完全に忘れてしまい、ただ走り抜けた。緊張し過ぎて、頭が真っ白になって、どうしよう〜と思って、ただ(マットの上を)走ることしか出来なかった」

ぼくはその話を聞きながら、航平少年のその時の様子がありありと目に浮かび、いたたまれない気持ちになった。それをどうやって克服したのか尋ねると、彼はひとこと「経験です」と答えた。

小学校で県大会、そして、九州(出身は長崎県諫早)から全国になって、試合のレベルが徐々に上がっていって、落ち着き始めたと思ったのは中学生のとき。高校でインターハイ、そして海外へ。気がついたら、落ち着かせることよりも気持ちをあげていくことの方が難しくなっていたと。

バーの持ち替えに失敗した理由は何だったのか？　試合後のインタビューで、彼は「分からない」を繰り返した。

しかし、ひとつだけ分かることがある。ただ床を走り抜けた日があったからこそ、彼のその後の人生があったんじゃないか。

人には誰しも忘れることの出来ない記憶の二つや三つはある。人はずっとその事を考え続ける。

（二〇二一年九月）

みなもと太郎さん

漫画家という人種は約束など守らない。

信じ難い事が起きると、前後の記憶が飛ぶ。

この八月に亡くなったみなもと太郎さんとの出会いが、まさにそうだった。みなもとさんといえば、のちに歴史大河漫画『風雲児たち』で有名になる漫画家だが、この頃はまだ『ホモホモ7』を始めとするギャグ漫画の人だった。

ぼくは、徳間書店が発行する劇画誌「コミック&コミック」の編集者で、みなもとさんに漫画を描いて貰うべく連絡を取った。

彼から指定された喫茶店は新宿の抜弁天《ぬけべんてん》の近くにあった。喫茶店といっても、いまの若い人にはピンと来ない。仕事の打ち合わせ、若い男女の待ち合わせなど、用途は

多岐に亘る〝昭和のお店〟で、昔は東京にいっぱいあった。

コーヒーを啜《すす》りながら待つこと、二時間。現れない。とはいえ、こっちも驚かない。漫画家という人種は約束など守らない。

そして、現れた。見た目が汚い……髪も髭も伸び放題。初対面だったので、こっちが自己紹介しようとするのを遮るように、お店の人にコーヒーを注文。そして、言葉を発した。

「しばらく寝させて下さい」

頬杖をつくと、そのまま寝入った。こっちも観念する。六時間経過した。まだ寝ている。新進気鋭の漫画家だったので、注文が殺到、疲れがピークに達していたのに違いない。

そして、目を覚ますと、時間を聞かれた。店の外はすっかり夜になっていた。突然、みなもとさんが立ち上がり、「外へ出ましょう」とぼくを促し、そのまま後をついていくと、彼のアパートに連れて行かれた。外階段を一段ずつゆっくり上る。部屋に入ると良いにおいが立ち込めていた。奥さんを交えて三人で食事が始まった。鍋だった記憶があるので、季節は冬か。

仕事机の上に一枚の原稿用紙があった。漫画の吹き出し(台詞)がひとつだけ書かれていた。「描き始めていたんですよ」。よく言うよと思ったが、追及はしなかった。で、描いて貰った漫画だが、題名も内容もじつはまったく記憶に無い。彼との出会いの一部始終は、ここにレポートしたように克明に覚えているというのに。

今から五十年くらい前の話になる。そんな時代だった。


(二〇二一年十月)

張芸謀監督

「徳間さんがいなければ、ぼくらは映画を作ることは出来なかった」

ジブリの初代社長徳間康快は、いろんな顔を持っていた。出版社の社長にあきたらず、映画と音楽の会社の経営にも携わり、メディアミックスを標榜していた。一九八〇年代の話だ。さらに、中国と日本を三〇〇回往復したことが自慢の人だった。日中国交正常化一〇周年記念映画として戦後初の日中合作映画『未完の対局』をプロデュースしたのも社長だった。

その後、徳間社長は井上靖原作の『敦煌』をプロデュースし、中国映画界に大きな影響を与える。一方で、社長は東京国際映画祭のゼネラルプロデューサーとしても世界の映画人を相手に、辣腕《らつわん》を振るった。

そんなある日のこと、社長は徳間グループの全社員を一堂に集め、中国の第五世代の映画監督たちを応援すると言い出した。徳間社長は『黄色い大地』の陳凱歌《チェン・カイコー》や『紅いコーリャン』の張芸謀《チャン・イーモウ》の力を高く評価していた。

さらに、作る映画の内容にも話は及んだ。日中戦争で、日本人が中国人に対して何をやったのか？　その最初の作品が張芸謀監督の『菊豆《チュイトウ》』だった。その後、中国との縁は、田壮壮《ティエン・チュアンチュアン》監督の『青い凧』で途切れる。そして、惜しまれつつ、徳間社長は二〇〇〇年の秋に七十八歳でその生涯を閉じた。

その数年後の東京国際映画祭での出来事。会場は六本木ヒルズ。映画祭に参加していたぼくは、仕事が一段落したところで、ふと隣の部屋を見ると、そこに張芸謀監督がいた。取材と取材の合間だったのか。ひとりポツンと所在無さ気に。

ぼくは誘われるように部屋に入り、自己紹介をして彼と話し始めた。最初はジブリの話。

しかし、話の中心はそれじゃない。ぼくは徳間社長のことを聞きたかった。彼がどう思っていたのか？「徳間さんのことは、むろん、覚えている。徳間さんがいなければ、ぼくらは映画を作ることは出来なかった」

張芸謀の言葉に、ぼくは胸が熱くなった。ぼくは、彼の作る映画が大好きだった。

「葬儀に参加出来なくて、本当に申し訳無かった」

心のこもった謝罪の言葉に、ぼくは彼の目をじっと見た。


（二〇二一年十一月）

柳家小三治さん

師匠が突然、ぼくを強くハグし、大きな声でこう言った。

落語家の柳家小三治さんといえば、まくらが長いことで有名だった。何故、長かったのか。勝手な推測だが、考えられる理由はふたつある。

ひとつは、ご自身の身体を目覚めさせるため。歳を取ってからは、特にそうだった気がする。他人を前に話していると、自ずと目は覚める。かくいうぼくも歳を取ったので、少しだけ理解できる。

もうひとつは、その日、集まったお客さんの品定め。今日のお客さんには、どの噺がいいのか？　客席を見渡す。若い人が多いのか、あるいは、年寄りが多いのか。男女比。これも大事だ。そして、職業。さらに、出身地は何処なのか。北は北海道から

小三治さんと(2019年3月).

南は九州、沖縄まで。土地柄で笑いの質は違うに決まっている。

などなど、考え始めたらキリが無い。なにしろ、集まったお客さんのひとりひとりに固有の人生がある。へえ、面倒だなあと言うなかれ。やっていると、面白くなる。

お客さんのちょっとした反応で、その日のお客さんの様子が分かってくると、今度は、その歓びを押し殺さないといけない。ともすると、独善になってしまう。

その刹那、噺に入る。ほんの少しのズレも許されない。上手に入ることとさえ出来れば、あとは、一瀉千里《いっしゃせんり》。

落語は、噺家とお客さんの息が合わないと成立しない。話す方にも聞く方にも、軽い緊張が走る。だから、お客さんの質が悪いと、噺も面白くならない。同じ噺でも、日によって、出来が違うのはそのせいだ。

その師匠が帰らぬ人となった。十月七日。

年に一度、ジブリのスタッフの福利厚生として、師匠の落語会を催してきた。かれこれ、十五年になる。場所はジブリ美術館の土星座。

落語もむろん素晴らしかったが、高座が終わったあとの慰労会がまた楽しかった。一時間くらいだろうか。小三治さんと話したいスタッフが居残って、師匠を囲んだ。ジブリ側の中心は落語に詳しい高畑勲監督だった。

高畑さんが亡くなったあとの慰労会は、高畑さんを偲んだ。その帰り際、師匠が突然、ぼくを強くハグし、大きな声でこう言った。

「お互い、長生きしようぜ!」

一昨年春のことだった。

（二〇二一年十二月）

富野由悠季監督

「ぼくは、あなたに捨てられた」

こうしてまともに話すのは、いつ以来か？　数えてみると、およそ四十年ぶりか。富野由悠季《よしゆき》さんに、いきなりこう言われた。

「ぼくは、あなたに捨てられた」

顔を見ると笑っているが、目は笑っていない。真顔だ。

今回の出会いは、ぼくが雑誌を作っていたときの昔の仲間に頼まれた。富野さんの集大成となるＤＶＤを作っている。そこで、ふたりで昔の話をして欲しい。断るわけにはいかない。ぼくは、富野さんにずっと恩義を感じつつ生きて来た。いつかは口に出してそのことを話さなくては！　と。

富野監督と(2021 年 11 月).

対談の冒頭、「ぼくは、あなたに捨てられた」と言われて、ぼくは窮した。困った。何を言えばいいのか？　ふとこんな言葉が出た。

「富野さんのおかげで「アニメージュ」は売れた」

月刊「アニメージュ」は、富野さんが作った「ガンダム」のおかげで、売れ行きを伸ばした雑誌だった。

しかし、富野さんは、ぼくの発言を制して、繰り返した。

「ぼくは、あなたに捨てられた」

そして「あなたは宮﨑駿とふたりでジブリを作り、成功への道を歩んだ。捨てられたぼくは、ひとりきりで、頑張るしか無かった」と続けた。

ぼくの胸は痛んだ。富野さんとは、その出会いから本当に相性がよかった。相性だけで言えば、宮﨑駿以上だった。なのに、何故、ぼくは宮さんとともに歩むことになったのか？

ビデオカメラとデジタルレコーダーが情け容赦なく回り続ける。いっさいの〝ごまかし〟を許さない。苦し紛れに、ぼくは、こんな意味のことを言ってしまった。

「富野さんには「ガンダム」があった。宮さんには何も無かった……」

自分でもびっくりした。窮すれば通ずとはこういうときのことを言うのか？

富野さんの機関銃のような激しい言葉に急ブレーキがかかった。もう一度顔を見ると、富野さんの表情が和らぎ、やさしくなっていた。

（二〇二二年　月）

大島明子さん

叔母に支配され続ける一生は、まっぴらごめんだった。

石原慎太郎さんが亡くなった。ふと叔母のことを思い出した。就職で悩んでいた頃、お袋の末の妹の明子叔母から助言があった。

「石原プロモーション、あるいは、石原慎太郎さんの秘書として働く気は無いか?」

以前から、この叔母が石原兄弟と親交があるという話は聞いていた。深く考えたわけじゃ無いが、即座に断った。両方とも、興味をそそられる就職口だったが、その叔母に支配され続ける一生は、まっぴらごめんだった。

この明子叔母こと〃あきちゃん〃は、ぼくが小さい頃から我が家に出入りして、両親にとってはいちばん親しい親戚だった。彼女はまだ女学生だった。しかし、子ども心に、ぼくは彼女のことをこう思っていた。

面白い人だけど、誰の意見にも耳を貸さず我が道を行く、強靱な女性だと。高校を卒業した叔母は、その後、ミスユニバースの愛知県の代表になり、風の噂に東京へ行ったと聞かされた。なんでも商売をはじめて、それが成功したらしい。

町のうどん屋できしめん一杯三十円の時代に、東京は赤坂で、その一〇倍の一杯三百円という値段をつけて上手くいったと、親戚中の話題を集めていた。

ぼくが受験のために上京したときはその利益を元に、今度は六本木でしゃぶしゃぶ屋をやっていた。お店に顔を出すと、店はお客で賑わっていた。

彼女の旦那が、こう教えてくれたことをいまもよく憶えている。

「料理の値段は、原価を一〇分の一にする。これが商売の秘訣だ」

そんなものかとぼくは妙に納得

大島明子さん

した。

八十歳を過ぎてお袋が上京。あきちゃんは、赤坂へ戻ってクラブレストランなる店をやっていた。そして、久しぶりに会った姉妹は月に一度、ふたりで歌舞伎を楽しむようになった。

しかし、長続きはしなかった。そのうち、姉妹喧嘩が始まって、ふたりは疎遠になった。あきちゃんが亡くなったと聞いたのは、いつのことだったか？

子どものいなかったあきちゃんは、生前から分骨を望んでいた。太宰府と京都、そこは無縁仏でいい。残りは自分を育ててくれた赤坂に散骨してほしい。

どうしたのか、旦那さんには聞きそびれたが、彼女の姿は、いまもぼくの目に焼き付いている。

（二〇二二年三月）

ジョン・ケアードさん

ジョンのぼくへの友情。それしか考えられなかった。

「『千と千尋の神隠し』のタイトル文字を筆で書いて欲しい」
ジョン・ケアードにそう頼まれたのは、去年の秋のことだ。ジョンは、紙に具体的なイメージを描き始めた。

芝居の冒頭、ぼくの書くタイトルが出たあと、その文字がひとつひとつバラバラになって前後左右に動き出す。そして、最後はふたつの「千」の文字が合体して、鳥居になるという案だった。そのアニメーションをジブリで作って欲しい。

ぼくはジョンのためにこの仕事をやろうと思った。やるのは田辺修だと直ぐに思いついた。『かぐや姫の物語』の名アニメーターだ。彼なら、ジョンの要望に応えられ

ケアードさんとハグ(2022年3月).

ると夢想した。

　悩んだのは、文字の方だった。ロゴをそのまま使うことも出来る。それをわざわざ新たに書けというのは、どういう意味なのか。しかし、ぼくはその場で快諾した。

　ジョンのぼくへの友情。それしか考えられなかった。その目が、鈴木もこの作品に参加して欲しいと訴えていた。

　初めて会った日の夜、足かけ四年近く前の話か。食事のあと、ぼくは自分の車を運転し、ジョンと奥様の今井麻緒子さんを自宅まで送った。麻緒子さんが疲れのせいで、気分が悪くなってしまったことが原因だ。そのとき、ジョンはぼくに対し過剰な恩義を感じてくれたに違いない。

　文字は、二日で書き上げてジョンに送った。気に入ったと伝言があった。ぼくにしても、自分でも驚くほど、素直な文字を書いた。

ぼくが舞台版『千と千尋の神隠し』に関わったのは、結局、この一点きり。あとは、すべてジョンの仕事だ。

ゲネプロを見終わったぼくは席を立つと、興奮のあまり、ジョンの元に駆け寄った。そして、ジョンと強い、強いハグをした。ぼくは感動を上手に言葉に出来なくて、耳元でひとこと「パーフェクト！」と伝えた。

いつもジョンの傍らで彼をささえ、的確な通訳をしてくれる麻緒子さんが、今日は涙ぐんでいるようにぼくには見えた。

ちなみに、ぼくとジョンは同い年。機会があれば、イギリス人のジョンが演出する舞台をロンドンで見てみたい。


（二〇二二年四月）

佐藤忠男さん

おかげでぼくは、物事を「ふつうの言葉」で「ふつうに」考えるようになった。

「むずかしいことをやさしく、やさしいことをふかく、ふかいことをおもしろく……」

井上ひさしさんの名言だが、井上さんがそう語る以前から、それを実践していたのが佐藤忠男さんだった。佐藤さんの著書、『読書と人間形成』『現代青年にとって教養とは何か』。大学時代、この二冊の本を何度、繰り返して読んだことか。

おかげでぼくは、物事を「ふつうの言葉」で「ふつうに」考えるようになった。

たとえば、頭がいいとはどういうことか？　確か、佐藤さんはこう書いていた。第一に記憶力、第二に根気力、そして、第三に判断力だと。

本当にそうだったかどうか気になって、今回、二冊の本にざ〜っと目を通してみたが、あれ、見つからない。この二冊の本じゃなかったのか？　ともあれ、ぼくは、その後もずっと佐藤さんの本を読み続けた。

そんな佐藤さんに、はじめてお目に掛かったのは、ぼくが月刊「アニメージュ」の編集者だったときのことだ。

「男はつらいよ」の山田洋次監督が、はじめてアニメーション映画に関わったと聞いたので、話を聞いてみようというのがその趣旨だった。

佐藤忠男さん

聞き手に選んだのが、高畑勲監督と佐藤忠男さんのふたり。中身は当然、濃密なものになった。気性の激しい監督ふたりの間で、終始、沈着冷静を貫く佐藤さんが印象に残った。

〝自己中〟でないと映画は作れない。そんな作り手から距離を置いて、見守るのが評論家の役割だと学んだ。

その後、ぼくがジブリで映画を作るようになると、佐藤さんがぼくのことをＮＨＫのラジオ深夜便に呼んでくれたこともあった。佐藤さんは、ある時期、この番組のレギュラーだった。驚いたのは、佐藤さんの体力だ。

打ち合わせが午後十一時開始。本番が午前一時から四時まで。生放送だった。ぼくは、ふらふらになり、佐藤さんはびくともしていなかった。

佐藤さんとぼくは十八の年齢差があった。言わずもがなだが、むろん、佐藤さんのほうが年上だ。

あれは三年以上前のことか。ぼくのラジオ、「ジブリ汗まみれ」に登場していただいたのが最後になった。二〇二二年三月十七日、享年九十一歳。合掌。

（二〇二二年五月）

倍賞千恵子さん

六十年の歳月を経て、倍賞さんが再び、無表情な主人公を演じていた。

倍賞千恵子さんが地方出身者を演じると、凄みが出る。何故か。特徴は無表情だ。で、その目が相手をにらむわけじゃないのに怖い。静かな怖さというのか。無言で多くを語る。

忘れられないのは、松本清張原作の『霧の旗』の桐子だ。東京の有名な弁護士に兄の弁護を頼むべく、列車を乗り継いで熊本から上京する。しかし、体よく断られる。その弁護士に対する恨みを晴らす桐子の復讐劇だ。その執念と田舎の人が持つ特有の素朴さを、山田洋次監督がリアルに描く。

ぼくは、この映画を高校生の時に見ている。地方出身者の東京に対する憧れと恨み

映画『PLAN 75』の倍償千恵子さん.
©2022『PLAN 75』製作委員会 /Urban Factory/Fusee

――。あれから六十年近くたった。

コメントを頼まれて、倍賞千恵子さんが主演の新しい映画『PLAN 75』を見た。びっくりした。年を重ねた桐子が、その映画にいた。

七十五歳以上が自らの生死を選択できる「プラン75」。この映画は、この架空の制度を媒介に、「生きる」という究極のテーマを全世代に問いかける衝撃作だ。

その内容も興味深かったが、この主人公は地方出身者に違いない、ぼくはそう確信した。六十年の歳月を経て、倍賞さんが再び、無表情な主人公を演じていた。

その無表情は怒りに満ちていた。東京という大都会は、高齢の女性にやさしい街では無かった。

倍賞さんとは一度だけ仕事をしたことがある。『ハウルの動く城』だ。倍賞さんは、若いソフィーと年老いたソフィーを見事に演じ分けてくれた。

しかし、アフレコが始まったとき、ひとつだけ問題が発生した。「ハウル」の発音だ。戦時中、茨城に疎開した倍賞さんには言葉に訛《なま》りがあった。彼女は「ウ」にアクセントをつけて、言葉尻を上に上げてしまう。東京の人は、言葉尻が下がる。

彼女が記憶にあるかどうか、ぼくが倍賞さんを特訓することになった。

倍賞千恵子さんという人は、ふたりきりになってよく分かった。生の彼女は、寅さんの妹さくらでもなく、桐子でもなかった。じゃあ、誰だと追及されたら、これぞまさに役者ということになる。

御礼にと言って、彼女がぼくにプレゼントをくれた。黒い雪駄と茶碗。ぼくはいまも大事に持っている。

（二〇二二年八月）

山田太一さん

山田太一と寺山修司、ぼくはこのふたりの大ファンだった。

山田太一脚本の連続テレビドラマ「早春スケッチブック」を寺山修司は、毎週、欠かさず見ていたらしい。ぼくはそのことを『寺山修司からの手紙』(岩波書店)という本で知った。

書いたのは、寺山の最後の十六年間を公私にわたって支えた、この本の企画者田中未知さんだ。このドラマ、一見普通の四人家族の前に、突然、母の昔の男が現れ、平々凡々と暮らしてきた家族を揺さぶる。さて、どうなるのか? という山田太一ならではの辛口のホームドラマだ。そして、田中さんは書く。

この話にはモデルがいる。山崎努演じる昔の男は寺山だし、樋口可南子演じるその恋人明美は自分。さらに、その家族は山田太一さんと奥様の和子さんを勝手にイメージした。だから、毎週毎週、寺山とともに固唾を呑んで見ていたと。

学生時代、親友だったふたりはその仲が復活していたらしい。しかし、同時に寺山に死期が迫っていた。そのことが、この物語を山田に書かせる動機になったのだろう。

ぼくにしても、このドラマはリアルタイムで見ていた。そして、昔の男は、寺山修司がモデルに違いないと勝手に思っていた。

山田太一と寺山修司、ぼくはこのふたりの大ファンだった。いろんな本を読みあさり、ふたりがどういう関係なのか？　調べられる限り調べて知っていた。

　それに、学生時代、ぼくは寺山の仕事をアルバイトで手伝った事があった。人形劇だ。渋谷ＰＡＲＣＯでやった「真夏の夜の夢」、幼稚園でやる人形劇も手伝った。しかし、寺山修司と言葉を交わすことはついぞ

山田太一さん

無かった。

出版社に入って、先輩に最初に連れて行って貰った店のママが田中未知さんだった。挨拶は交わしたが、それ以上に話すことは無かった。

「早春スケッチブック」のドラマが終わった頃だ。ジブリの新作の脚本を頼むべく、渋谷にある山田太一さんの仕事場、東急インに山田さんを訪ねたことがあった。山田さんはひとり。こっちは、高畑勲、宮﨑駿、そしてぼくの三人だった。

山田太一さんは、ぼくらの話をじっくり聴いてくれたが、残念ながら仕事としては成立しなかった。姿形を変えて、それは『柳川堀割物語』というドキュメンタリー映画になった。

（二〇二二年七月）

深沢七郎さん

これぞ、「人生指南」のことばだとぼくは納得した。

学生時代、友人に連れられて、原宿にあった「話の特集」の編集部を訪ねたことがあった。夜中だった。誰もいなかった。編集部でバイトしていた友人は、鍵の在処《ありか》を知っていた。

「話の特集」

というのは、反権力が魅力の雑誌で、時代の先端的な文化人が多数登場し、若者の人気を集めていた。

勢いがよすぎて、ぼくなどついて行くのがやっとだったが、深沢七郎の連載エッセイ「人間滅亡的人生案内」を読むために、この雑誌を買っていた。

「夢屋」で今川焼を焼く深沢さん(1971年).

戦いすんで日が暮れて、〃熱い時代〃が終わりを告げ、みんなの当て処《ど》が無くなったときに、深沢七郎は静かに登場した。

「女は男をたのしみ、男は女をたのしむ。これが大事なのです」

などといわれると、眉間にしわを寄せて、口角泡を飛ばしていた日々が馬鹿らしくなった。これぞ、「人生指南」のことばだとぼくは納得した。

そんなある日、同じ友人に誘われた。

「深沢七郎が今度、今川焼屋をやる。その開店の手伝いを探している。行く?」

ぼくは二つ返事で誘いに乗った。深沢七郎という人を間近で見てみたいという理由だけで。そんな若き日のエピソードを、いろんな人に話してきたが――。

ぼくの記憶では、その今川焼屋「夢屋」は浅草寺の近くにあった木馬館の隣だった。

友人と帰りに浅草寺でお参りして帰った。しかし、ネットで調べてみると東向島だとある。

誰かが間違ってそう書いた。それが拡散した。そうに違いない。その日のことを書き残した人がどこかにいるはず。ぼくは、ネットで調べまくったが、どこにも浅草のことは書かれていない。

もしかしたら、開店のイベントだけは浅草だったんじゃないのかと調べ続けたが、その記述も何処にもない。

ネットとの格闘に疲れ果てたぼくは、久しぶりに「人間滅亡的人生案内」の単行本を本棚から取り出し、手に取った。五十年ぶりくらいになるのだろうか。

ぼくは本を読むときはいつもそうするのだが、カバーを外した。すると、そのカバーの下から一枚のチラシがはらり落ちた。

「〝夢屋〟開店のごあいさつ」だった。店主深沢七郎。すべて手書き。ガリ版刷りで、いまとなっては貴重なモノだ。そして、あった。店の場所は「向島」だった。

（二〇二二年八月）

堀田百合子さん

地方出身者のぼくらには、それは「東京のお嬢さま」だった。

時代を切り取る写真があるとしたら、こういう写真のことを言うのか？　ひとりの美しい娘が、うつむき加減に、可憐に、清楚に小さな微笑みを湛《たた》えている。見た瞬間に、ぼくは「あの時代」にタイムスリップした。まぶしかった。地方出身者のぼくらには、それは「東京のお嬢さま」だった。お嬢さまは、この髪型で無いといけない。たとえてみれば、『カリオストロの城』のクラリスのそれか。

その写真を、ぼくは『つかこうへい正伝』（長谷川康夫著）で見つけた。撮影したのは、つかこうへい。写っているのは堀田百合子さんだった。ぼくを含めて三人とも同じ大学のキャンパスにいた。

トークショーで自作のイラストを見せる筆者と堀田百合子さん（2018年，富山市）．（写真＝中日新聞社提供）

一九六八年。東京と地方では、政治、経済、文化はむろんのこと、情報にも大きな格差があった時代の出来事だ。

パリの五月革命。中国の文化大革命。「プラハの春」。東大安田講堂。ロックフェスティバルで踊るヒッピー。小熊英二の言うように、メディア環境の変化は、それまでなら無関係だっただろう各地の事件をつなぎあわせ、「世界で何かが起きている」という印象を与えた。自ずと、ぼくらは「世界同時的な若者の叛乱」に加わった。

それから半世紀余の歳月が流れた――。

百合子さんの父は堀田善衞さんだっ

た。逗子にあったそのご自宅には宮﨑駿とふたりで何度も訪ねたものだ。そんなご縁もあってのことか、堀田さんが亡くなったあとの「堀田善衞展」にジブリが協力した。

そして、死後二十年を経て、百合子さんが『ただの文士　父、堀田善衞のこと』(岩波書店)を上梓。その宣伝もぼくは「同級生のよしみ」で、お手伝いした。

その間に、百合子さんは、ご主人と猫二匹を説き伏せて、蓼科に引っ越された。堀田善衞さんが六十年前に建てた家だ。四年前、お招きにあずかり、訪ねたが、逗子の家に勝るとも劣らないたたずまいの素晴らしい家だった。

この夏、彼女から手紙を貰った。同封されていたＤＶＤ「父の書斎〜百合子の蓼科だより〜」(北日本放送制作)が興味深かった。

百合子さんは、もう大事に育てられたお嬢さまではなかった。すべてを受け入れ、不便な場所で暮らすことをものともしないで生きてゆく力強い女性だった。

(二〇二二年九月)

白井文吾さん

あの夜、ぼくは、死ぬまで働くのも悪くないなと思った。

名古屋出身のぼくにとって、故郷との唯一のつながりは中日ドラゴンズだった。しかし、ドラゴンズは弱かった。

そのドラゴンズに落合博満さんを招聘し、監督に据え、常勝軍団に仕立てた人がいる。オーナーだった白井文吾さんだ。ぼくにとって、この人は〝伝説の人〟だった。

落合さんが監督だった八年間、ぼくは本当に幸せだった。全試合をビデオに録画。寝る時間を削って、その日のうちに試合を見た。ともすると、負け試合ですら興味深いのが「落合野球」だった。

その白井さんから、食事に誘われた。ぼくはかつて無いプレッシャーを感じた。そ

白井さんと．
（撮影／中日新聞社・岡村徹也）

の後、ご縁が出来て親しくなった落合さんに助言を仰いだ。

「会って損の無い人だ」

落合さんのひとことで、ぼくの心は軽くなった。

場所は、名古屋の上飯田《かみいいだ》にある料亭だった。お店は閑静な住宅街の中にあった。なんでも古い民家を移築したという建物は明治大正のモノらしい。

店に向かう車中、中日新聞の役員のSさんが今宵の会食について解説をしてくれた。

「一時間、我慢してください。あとは無礼講です」

白井さんは当時、満八十九歳。どんな会食も一時間たつと、「トイレへ」と言って席を立ち、そのまま消えるらしい。

お店に到着した。白井さん自ら、ぼくを迎えてくれた。そして、食事が始まった。乾杯が終わるやいなや、白井さんは用件を単刀直入に話してきた。

「愛知万博の跡地の公園内に〝ジブリの大倉庫〟を作りませんか」

白井さんは、豊田市でジブリが開催した「ジブリの立体建造物展」をいたく気に入ったらしい。

「ああいうのがいっぱいあるんでしょう。それらを全部、長久手に集めるという提案です。で、ときたま、虫干しもかねて展示も順番にやったらどうか」

一気呵成《かせい》。白井さんは、話が終わると、食事に手をつけた。よく食べ、よく飲む。そして、一時間後、トイレに立った。Sさんが、ぼくを見てニッと笑った。

「これで白井は戻りませんから」

その直後、白井さんが部屋に戻ってきた。Sさんがあわてた。他の役員たちも、一斉に押し黙った。その後は、白井さんとぼくのドラゴンズ談義。役員の方たちが、その話に聞き入っていた。

合計三時間。会食が終わって、白井さんがぼくを玄関まで見送りに来てくれた。

「今日のお話、至急、検討させて貰います!」

——あれから六年。ジブリパークは、こうして始まった。あの夜、ぼくは、死ぬまで働くのも悪くないなと思った。


（二〇二二年十月）

中島貞夫監督

作家と付き合うというのは、こういうことか。

お酒の飲めないぼくが、しこたま飲み続けた日がある。飲み始めが夕方の午後六時で、終わったのが翌朝の午前十時。合計十六時間。相手は東映のヤクザ映画のエース、中島貞夫監督だった。

新橋から始まって、新宿で二、三軒はしご。最後はゴールデン街。ぼくはといえば、薄い水割りを一時間に一杯ずつのペース。お店の時計が午前七時半を指していた。そろそろお開き、いやあ、がんばったと自分を褒めたくなった矢先に、中島監督が無情に言い放った。

「最後は浅草だよ。鈴木さん、まだやっている店がある」

一路、浅草へ！　こうなったら、行くしか無い。この日、監督は京都へ戻って撮影だというのに、いったいいつ寝るのか、気になって東京駅へ見送る車中、質問すると、「新幹線だよ」と悪戯《いたずら》っぽく答えてくれた監督の顔が忘れられない。

その後も京都と東京で何度も監督にお目に掛かることになる。というのも、当時のぼくは、徳間書店が発行する劇画誌「コミック＆コミック」の編集者。ぼくは中島監督の編集担当だった。この雑誌は、東映の映画監督が原作を書いて、それを劇画家が漫画にするというのがセールスポイント。さらに、上手く行けば映画化への道も自ずと開けるという一石二鳥、いや、三鳥の企画だった。

とはいえ、その目論見は外れる。多岐川裕美主演の『聖獣学園』（鈴木則文監督）など映画化された作品も生まれたが、監督たちの多くは、普段、手掛けることの出来ない企画を提案してきた。

中島監督の場合もそうだった。愛とは何か？　純文学だった。タイトルもずばり「ラブ」。そして、ご指名の劇画家が『同棲時代』で一世を風靡した上村一夫だった。中島監督との「あの日」は強烈だった。作家と付き合うというのは、こういうことか。十六時間の間に、ぼくは監督からいろいろ教えられた。そして、思った。こういう日を何度も経験するうちにぼくも編集者として鍛えられるのだろう。期待と不安が、ぼくの中で渦巻いた。徳間に入って二年目。ぼくはまだ二十四歳だった。

しかし、実際は、あの日が最初で最後だった。そんな酔狂な人は二度と現れなかった。ぼくを十六時間拘束して、東京の歓楽街を引きずり回してくれたのは、中島貞夫監督ただひとりだった。

（二〇二二年十一月）

かわぐちかいじさん

四日ぶりにぼくはアパートへ戻った。

仕事をしたのは一度きり。なのに、忘れられない男がいる。かわぐちかいじ。ぼくは、青年向け劇画誌「コミック&コミック」の編集者だった。

創刊の一年後、急遽、決まった増刊号で、東映が企画した「夜桜銀次」の映画のコミカライズをやることになった。七〇ページある。力のある描き手じゃ無いとページが持たない。かわぐちさんの名前が頭に浮かんだ。

早速、井の頭線の明大前にあった彼の自宅へ向かった。初対面。いきなり「主役は誰か」と聞かれたので、菅原文太さんだと答えると、「ぼくは渡哲也のファンだ」とニコニコしながら言った。その場で表紙の絵を発注した。

絵が完成した。夜桜銀次の顔が渡哲也になっていた。彼はニコニコしている。余計なことは言わなかった。

当時の漫画は、最初にコマ割りと台詞を作って貰い、あとは絵の完成を待つ。絵が完成したら、用意しておいた台詞の写植を原稿に貼り付ける。それが編集者の仕事だった。

頃合いを見計らい彼の仕事場を訪ねると、かわぐちさんは布団の中にいた。見た目で分かった。その目が訴えていた。高熱を発している。ぼくにしても、気が動転した。

とりあえず、看病しかない。彼以外に誰もいなかった。

薬は飲んでいると言うので、必要なものを勝手に考えて、買い物に出た。何を買えばいいのか？　こういう時のぼくは、役に立たない。

まず男性用のパンツを買った。着替えが必要になると考えた。あとは

かわぐちかいじさん

食料か。氷を買ったことも覚えている。かわぐちさんは、その間、伏したまま。

一日が過ぎた。かわぐちさんが布団から這い出して、コマ割りを始めた。ぼくは黙っていた。好きにさせるしかない。途中で布団に戻った。疲れたのだろう。高いびきをかいている。

二日目。再び原稿に向かった。台詞をドンドン書いてゆく。そして、再び、布団へ。三日目。「もう大丈夫だ」と言ったが、そうは見えなかった。しばらくすると、布団に倒れ込んだ。四日目。ぼくを見てニコニコした。もう大丈夫だとぼくは思った。四日ぶりにぼくはアパートへ戻った。

それから十年後か。ぼくは上村一夫追悼の席で彼に再会した。場所は吉祥寺。かわぐちさんはぼくを見つけるとニコニコしながら近づいて来た。そして、ひとこと。

「あのとき、鈴木さんが買ってきてくれたヤクルトの味が忘れられない」

（二〇二二年十二月）

マイケル・O・ジョンソンさん

「あなたの〝PLAN B〟は何ですか?」

最近、つらつら考える。ぼくは一体、いつまで働くのか? 来年のことを言うと鬼が笑うが、ぼくは今年、七十五歳になる。てなことを考えていたら、ふとあるアメリカ人のことを思い出した。仕事でつきあった元ディズニーの偉い人だ。彼にこんなことを言われたことをよく憶えている。

「SUZUKIさん、あなたの〝PLAN B〟は何ですか?」

ぼくはその意味が分からず、狐につままれたような顔になってキョトンとした。そして、通訳の方を見た。質問したマイケル・O・ジョンソンも少し驚いた風だった。意味はこうだった。あなたは、第二の人生で、何をやる予定なのか? それを英語

マイケル・O・ジョンソンさん(左から2番目)たちとともに.

で言うとPLAN B。英語というのは分かりやすい。簡単な単語で物事の本質を端的に言葉にする。

で、ぼくの答えだが、ぼくの人生にヴィジョンは無い。いつもなりゆきで生きてきた。加藤周一さんが指摘したように、多くの日本人がそうであるように、ぼくにしても「今、ここ」で生きてきた。そして、過去は水に流し、明日は明日の風が吹いた。

「……いまの仕事をそのまま続けていると思う。たぶん」

そう答えると、マイケルは目を大きく見開き、「信じられない」という顔をした。

そして、静かに、こう語り出した。

「アメリカでは、ある年齢になると、誰

しも第二の人生の準備に入る。ぼくの場合は、若いころから夢があった。小さなコテージの親爺になって、日がな一日、宿泊客と人生について語り合う。そのために、ロサンゼルスの郊外にある山の中腹に土地も買ってある」

そこまで一気に話すと、彼はそれまで見たことの無い笑顔をぼくに見せた。

ジブリが作った映画『もののけ姫』をディズニーが世界配給する。日本では大きな話題になった。ジブリがぼくで、マイケルがディズニー側の交渉相手だった。彼とは何度も打ち合わせを兼ねた食事をした。その当時の話だ。彼は、日本人について本当によく勉強していた。だから、交渉もスムーズに進んだ。

その後、ディズニーをやめたマイケルが化粧品会社の社長になったと聞いたが、PLAN Bの方はどうなったのか。

アメリカ人の友人に問い合わせると、こんな返事が来た。「Herbalife」という会社の最高経営責任者(CEO)として活躍している。むろん、現役だ。仕事の面白さを知った彼に、安息の日は無い。

(二〇二三年一月)

尾形英夫さん

自分で自分を束縛しない人が新しい時代を作る。

大学を卒業し、徳間書店への就職が決まったぼくは、生まれて初めて、その看板雑誌、週刊「アサヒ芸能」を買った。「アサ芸」に関するぼくの知識は、当時の言い方に倣うなら、〝戦争とやくざと女〟の雑誌。それがセールスポイントの雑誌だったが、パラパラとページを繰るうちに、ぼくは驚いた。

連載陣の中に、ぼくの大好きだった寺山修司と前衛漫画家で知られた真崎守《もり》の名前を見つけたからだ。おまけに対談ページのホストは吉行淳之介だった。

どんな人が企画を立て、ページを作っているのか。その後、「アサ芸」に配属の決まったぼくは、想像が膨らんだ。

創刊間もない「アニメージュ」の編集長・尾形さん(左から3番目)，筆者(同5番目)と編集部の仲間たち(1980年ごろ)．

その人は蒲柳《ほりゅう》の質に違いない。肉体的に弱く病気がちだが、そのセンスだけは冴えている。例えてみれば、インテリやくざ、それこそ吉行淳之介とか太宰治を想像した。

だが、実際にお目に掛かったその人、尾形英夫さんはまるで逆の人だった。ひとことで言うなら、せっかちを画に描いたような人。見た目は、昔の日活映画に登場するチンピラたちの兄貴分風だった。なにしろ、その出で立ちは、上下白のスーツに白いエナメルの靴だった。夕方になると、嬉しそうにカラオケに出かける。それがこの世の一番の幸せという人だった。

今になるとよく分かる。この人の最大の特徴は、枠を作らない。「アサ芸」だから、こうすべきという枠が無い。こういう、自分で自分を束縛しない人が新しい時代を作る。口で言うのは簡単だが、やってみると分かる。難しい。

その後、ぼくは、この人から多大な影響を受けることになる。

そして、この人が、アニメーションの世界に革命を起こす。本人に自覚は無いが、今日に至る日本のアニメーションの隆盛は、尾形さんの功績によるものだとぼくは考えている。

手始めは月刊「アニメージュ」の創刊。そして、『風の谷のナウシカ』を映画にしよう！」と最初に口走ったのもこの人だった。

尾形さんは、二〇〇七年一月に亡くなった。高畑勲も宮﨑駿も、そしてもぼくも、みんなで駆けつけた。享年七十三歳。ぼくは、いま、七十四歳になった。


（二〇二三年二月）

風吹ジュンさん

風吹さんも宮さんも、いつも、「今、ここ」を生きている。

風吹ジュンさん。〃愛嬌のある人〃と言ってしまえばそれまでだが、それだけじゃ説明がつかない。とにかく、話している間ずっと笑顔を絶やさない。ついついこっちも引き込まれる。

ふと宮﨑駿のことを思い出した。彼の笑顔も百万ドル。人を魅了する。

笑顔というのは天性のものなのか？

そんな風吹さんが、ぼくのラジオ「ジブリ汗まみれ」に出演してくれたとき、こんなことを洩らした。

「毎朝、母親に線香を立てながら、息子と娘のことをお願いします」

風吹さんと(2022年).

意外だった。風吹さんとお線香は結びつかない。で、その刹那、見せてくれた真顔が美しかった。これも、宮崎駿に似ている。彼にしても、笑顔が一瞬消えて、見せてくれる真剣な表情がカッコいい。その直後、ふたりとも再び、笑顔になる。

そして、ふたりとも全く、年齢というものを感じさせない。何故か?

ぼくの受け答えは、こうだった。

「日本人って、亡くなった大事な人が、いつもそばにいて見守ってくれる」

彼女が頷《うなず》いた。

「あ、そっか。西洋だと神さまが見守るのよねえ……キリストが」

そんなやりとりの中、ぼくはこう考えた。

風吹さんも宮さんも、いつも、「今、ここ」を生きている。だから、年を取らない。過去はいろいろあったろうに、そんな苦労は微塵も見せない。過去を封印するのが得意だ。そして、笑顔がよく似合う。カッコいいとは、こういうことさ。

ふたりとも歴史でモノを考えない。あるとしたら、地理が好きに違いない。縦じゃなく横に、あっちこっちと。

去年の暮れ、彼女に会った。ちゃんと話すのは、といっても、仕事の合間だったが、十年ぶりか。たぶん。その前に一度、志の輔師匠の落語会で、すれ違っただけ。

ラジオで彼女の話したことが蘇った。

「点と点で繋がっているのだけど、ずっとは一緒にいない。でも、ふっと再会すると、時間を共有出来る。そういうのがいい！」

彼女の故郷、富山の祭り、風の盆。いつの日か、彼女の案内で訪ねてみたい。

（二〇二三年三月）

あとがき

映画の興行は小屋で決まる。小屋というのは映画館のこと。映画館に休みは無い。十年一日、映画館は、毎日、開いている。

そして、昔ならいざ知らず、今は毎日、お客さんがどのくらい来てくれたのか、日ごと、小屋ごとに詳細なデータがある。それを積み重ねたものが、その映画の興行成績だ。その数字は、むろん、小屋ごとにある。シネコンも同じだ。スクリーンごとに数字がある。

興行に携わる人は、その数字を頭に浮かべながら仕事をしている。これは映画に限らない。商いというのはそういうものだ。かつて、ぼくが身を置いた出版の世界も似たようなものだった。

だから、どの映画館で何日間、興行を打つのか？　それが一番大事になる。その結果、いわゆる興行収入の予想数字が見えて来る。そして、その予想数字が大きく外れることはまず無い。プロの仕事はソツがない。実際の興行というのは、その数字を超えれば成功、下回ると失敗。そういうことになる。

『君たちはどう生きるか』も例外では無い。上映する映画館が決定すると同時に、興行の人たちは算盤《そろばん》を弾く。そして、普通に宣伝をやれば、その数字を確保できるはずだ。実際、配給を担当してくれる東宝さんも、すでに予想数字を出している。で、話はここからだ。ぼくにしてもその通りだと思うが、素直にそうなれない自分がいた。年をとって、偏屈になったのか。いろいろ考えているうちに、ある仮説が浮かんだ。これまで繰り広げて来た大宣伝をやめると、一体、何が起きるのか？

劇場予告も新聞広告もテレビスポットもその他、これまでやって来た、いわゆる宣伝を全てやめる。公開前の告知は、ポスター一枚だけ。

ぼくにしても、身体が震えた。そんなことを本当にやっていいのか。これまでジブリを応援してくれた配給及び興行の人たち、そして、関係者の皆さんも大きな痛みを伴う。

東宝の偉い人たちとは何度も話し合いを重ねた。重い空気が流れることもあった。そんなとき、空気を変えてくれたのが東宝の重役、市川南だった。南が話すと、みんなの表情が変わる。明るくなる。南は、『千と千尋の神隠し』の宣伝プロデューサーだった。以来、ずっと一緒にやって来た。

作った映画さえ面白ければ、大ヒットが見込める。面白くなければ、お客さんは来てくれない。頼るのは、お客さんの口コミだけになる。

映画に関わって四十年余、ぼくは必要以上に手堅くやって来た。だから、今回の試みは、ぼくの初めての、そして、最後の「賭け」になる。申し訳ないが、今回だけは、ぼくの我儘《わがまま》に付き合って欲しい。ぼくを信じて欲しい。

自分のやって来たことを否定し、肯定し、肯定し、否定する。それがぼくのやり方だった。その結果がどうなるのか、見守って欲しい。

宮﨑駿には、むろん、全部を説明した。彼の反応はこうだった。

「鈴木さんの丁半博打が吉と出るか、凶と出るか?」

宮﨑駿は、ぼくのやり方を支持すると言ってくれた。

本来であれば自分が書いた内容を振り返るのが普通の「あとがき」だろうけど、「歳月」はまだ連載中。それは完結した時に譲りたい。そして、近況について書くつもりが、つい筆が滑った。近々、公開の映画について書いてしまった。

編集担当は岩波の西澤昭方君、彼には『ジブリの文学』でも世話になった。そして、共同通信の担当者の方たち。連載も八年目。現在の担当者加藤朗《あきら》さんは四代目か。ジブリの田居因《たいゆかり》さんと菊池拓哉君も手伝ってくれた。この場を借りて、みなさんに御礼を言いたい。ありがとう。

この本のゲラを読んで、西澤君がメールをくれた。そこに書いてあった言葉。どこの国の言葉なのか聞きそびれたが、感心したので、紹介しておく。

A man is known by the company he keeps.

(その人がどんな人かは、付き合っている仲間で分かる。)

二〇二三年五月十七日　花巻にて

鈴木敏夫

初出

共同通信配信記事「歳月」2016 年 1 月～2023 年 3 月.
書籍化に際し，適宜加筆・修正をほどこしました.

写真出典

• 共同通信社提供：8 頁（ちばてつやさん肖像写真），53 頁，65 頁，71 頁，92 頁，107 頁，113 頁，116 頁，146 頁，152 頁，176 頁，188 頁，194 頁，203 頁，209 頁，212 頁，227 頁，236 頁，246 頁，249 頁.

• ニューズコム提供：104 頁.

• 石井朋彦撮影（©Tomohiko Ishii）：62 頁，137 頁，167 頁，197 頁，224 頁.

• 『PLAN 75』：230 頁

Blu-ray & DVD 好評発売中
5,500 円（税込）
発売元：株式会社ハピネットファントム・スタジオ
販売元：株式会社ハピネット・メディアマーケティング

鈴木敏夫
株式会社スタジオジブリ代表取締役プロデューサー．
1948年名古屋市生まれ．72年慶應義塾大学文学部卒業，徳間書店に入社．『週刊アサヒ芸能』を経て，78年アニメーション雑誌『アニメージュ』の創刊に参加．副編集長，編集長を12年あまり務めるかたわら，84年『風の谷のナウシカ』，86年『天空の城ラピュタ』，88年『火垂るの墓』『となりのトトロ』，89年『魔女の宅急便』など一連の高畑勲・宮﨑駿作品の製作に関わる．85年にはスタジオジブリの設立に参加，89年から同スタジオの専従に．以後，91年『おもひでぽろぽろ』から2020年『アーヤと魔女』まで，全作品の企画・プロデュースに携わる．2014年，第64回芸術選奨文部科学大臣賞を受賞．
『ジブリの哲学――変わるものと変わらないもの』，『ジブリの文学』(いずれも岩波書店)，『南の国のカンヤダ』(小学館)，『読書道楽』(筑摩書房)，『スタジオジブリ物語』(集英社)など編著書多数．

歳月

2023年7月7日　第1刷発行

著　者　鈴木敏夫《すずきとしお》

発行者　坂本政謙

発行所　株式会社 岩波書店
〒101-8002 東京都千代田区一ツ橋2-5-5
電話案内 03-5210-4000
https://www.iwanami.co.jp/

印刷・三陽社　カバー・半七印刷　製本・牧製本

ISBN 978-4-00-061602-7　Printed in Japan

ジブリの哲学
——変わるものと変わらないもの——
鈴木敏夫
四六判三〇四頁
定価二〇九〇円

ジブリの文学
鈴木敏夫
四六判三三四頁
定価二〇九〇円

仕事道楽 新版
スタジオジブリの現場
鈴木敏夫
岩波新書
定価一〇七八円

トトロの生まれたところ
宮崎駿 監修
スタジオジブリ 編
B5判変型八〇頁
定価一三二〇円

宮崎駿とジブリ美術館
スタジオジブリ 編
B4判変型五九八頁
定価二七五〇〇円

岩波書店刊

定価は消費税 10% 込です
2023 年 7 月現在